꿈따라 사랑따라 사명따라

매튜 황(Matthew Whong)의
53년 해외생활 이야기

쿰란출판사

그동안 자서전을 쓰라고 권유하는 여러 친지들이 있었습니다. 그러나 부족한 사람이 하나님과 사람 앞에 자랑이 될까봐 조심스러웠고 또한 반세기 이상 주로 영어를 사용한 제가 한글 타자를 새롭게 익혀서 글을 쓴다는 것은 그리 쉬운 일이 아니었습니다. 많은 기도 후에 이 책을 펴내게 되었습니다.

먼저 다 죽었던 저를 살려 주시고 월남 후 혼자서 고학하던 피난민 청년을 6·25 전쟁 중 미국에 유학 보내 주시고 오늘날까지 오병이어의 기적의 축복으로 인도해 주신 하나님께 이 책을 바칩니다.

그리고 이 책 원고의 한글을 정리해 주고 한글 타자를 칠 수 있도록 도와준 박태문 목사 부부와 이희문 목사에게 감사를 드립니다. 또한 기도와 사랑으로 격려해 준 여러분들을 생각하며 직접 물심 양면으로 도와준 최완철, 정현희, 임희순, 이봉양 씨 부부에게 감사를 드립니다. 그리고 이 책을 펴낸 쿰란출판사 이형규 장로와 임영주 편집부장과 직원 여러분에게 진심으로 감사드립니다.

또한 이미 주님의 부르심을 받은 두 여인: 나를 낳아서 정성껏 키워 주신 훌륭한 이봉하 어머님과 나를 미국으로 유학시켜 주신 미국 어머니 메리 케이트 헤건(Mary Kate Hegan) 여사에게 깊이 감사를 드립니다.

끝으로 문화와 인종과 성장 배경이 전연 다른 한국 남자와 결혼하고 북미와 남미에서 문화와 민족을 초월한 국제적 목회와 선교 사역을 충실히 담당했을 뿐만 아니라 양딸을 포함한 네 자녀를 잘 키운 나의 사랑하는 아내 딕시(Dixie)에게 진심으로 감사를 전합니다.

추천사 1

　제가 거의 20여 년간 알고 지내온 사랑하는 동역자 황마태(문규) 목사의 자서전에 추천의 글을 쓰게 된 것은 저의 기쁨이요 영광입니다.

　공교롭게도 제가 미국을 떠나 한국에 선교사로 들어가던 바로 그해인 1954년에 황 목사님은 한국을 떠나 미국으로 오셨습니다. 제가 한국에서 그리스도의 복음을 전하기 위해 한국어와 문화를 배우느라 애쓰는 동안 황 목사님은 미국에서 저보다 더 열심히 영어와 미국 문화를 공부하셨습니다. 저의 한국 선교사역이 한국과 한국 장로교회에 얼마나 큰 공헌을 했는지는 다른 사람들이 판단할 일입니다. 그러나 자서전에서 보는 바와 같이 황 목사님이 미국에, 특히 미국 장로교회에 끼친 공헌은 참으로 대단한 것입니다. 목회 사역에서 은퇴하신 후에도 계속하여 목사로서, 선교사로서, 대학 교수로서, 그리고 가정 상담 사역자로서 많은 사람들에게 복음을 전하고 계시다는 것은 정말 놀라운 일입니다.

저는 하나님의 은혜가 넘치는 황 목사님의 인생 여정을 기록한 이 책을 진심으로 여러분께 추천하는 바입니다. 이 책을 읽을 때 여러분의 마음을 빼앗길 만큼 흥미로워서 아마도 마지막 장을 읽을 때까지는 결코 책을 손에서 놓지 못할 것입니다.

2007년 8월 1일
Bethany Collegio 장로교회 원로 목사
설 의 돈
(Rev. Benjamin Sheldon)
한국 선교사(1953-1965)

추천사 2

　1954년 한국전쟁이 끝난 직후 1달러를 가지고 미국에 도착한 20대 초반의 황문규라는 새파란 청년이 긴 인생 여정의 길을 마감하면서 자신의 이야기를 책으로 펴냈다. 이를 축하드리며 내가 겪은 황 목사님을 소개하고자 한다.

　첫째 황 목사님은 미인을 참 좋아하신다. 사모님이 참 미인이다. 백인 중에서도 나이가 지극히 들었는데도 이렇게 아름다운 분은 많지 않다. 어떻게 가난한 나라 한국에서 피난민처럼 미국에 유학 온 조그만 동양 청년이 이렇게 아름다운 백인 여성을 유혹(?)해서 반세기 가까이 행복하게 함께 사실 수 있으셨는지 참으로 대단한 분이시다.

　둘째로 황 목사님은 자신의 나이에 대한 거짓말을 잘 하신다. 본인은 이미 칠순이 넘으셨는데 항상 49세라고 하신다. 그런데 이분과 사귀다 보면, 정말 49세보다 더 젊게 사신다. 항상 기쁘시고 유머가 넘치시고 늘 여행 중이시고, 아직도 아침마다 집에서 푸시 업(Push Up)을 50번 이상 하신다. 생각이나 말씀하시는 것이 다 젊다. 정말 이분과 있으면 나이는 숫자에 불과하다는 진리를 느낄 수 있다.

셋째로 황 목사님은 참으로 예수님의 사람이다. 한 번은 이분과 파라과이 선교여행을 하던 중 브라질에서 비행기로 갈아탔다. 우리 일행이 세 명이었는데 이분의 옆자리에 아주 아름다운 브라질 여성이 앉았다. 일행 중 한 분이 가운데에 앉아계신 목사님이 불편하실까 봐 자리를 바꿔 앉겠느냐고 물어보았다. 그런데 "이렇게 아름다운 여인하고 같이 가는데 왜 자리를 바꿔?" 하시더니, 곧 말을 붙이시다 결국은 예수님 믿을 것을 부드럽게 전도하시는 것이 아닌가?

본서는 재미있고 유익하다. 삶의 지혜를 가득 담은 책이다. 특히 유학생활은 물론 부부생활, 이민생활, 신앙생활, 목회생활 등 목사님의 삶에서 나오는 지혜가 많은 독자들에게 복을 가져다 줄 것이다.

2007년 8월 1일
볼티모어 메릴랜드 빌립보교회 담임 목사
송 영 선

추천사 3......

하나님이 지극히 사랑하시는 사람 황문규 목사님은 16세의 어린 소년 시절 단신으로 월남하여 고학을 하며 힘들고 외로운 세월을 보내던 중에 1950년 6·25전쟁을 맞아 말할 수 없이 어려웠던 형편 속에서도 위기를 좋은 기회로 만들어 주시는 하나님의 은혜로 미 해병대를 통하여 1954년 미국에 유학을 가게 되셨다.

빈손으로 미국에 도착했으나 대학 학업과 신학 공부를 잘 마치고 1973년에 목사 안수를 받았다. 이후 미국 교회를 담임하고 남미에서 선교사로 활동하다가 다시 미국으로 돌아와서 한인 교회를 담임하며 많은 사역을 충실히 감당하셨다.

황 목사님은 목회 은퇴 후에 칠순이 훨씬 넘은 고령에도 불구하고 현재 미주 세선회를 이끌고 계시며 선교의 사명을 감당하고 계시다. 황문규 목사님이야말로 하나님의 사랑을 듬뿍 받은 하나님의 종이 아니겠는가!

인생의 역경과 시련을 기도와 인내로 승리한 귀한 삶을 소개한 이 책은 읽는 사람들마다 큰 은혜와 감화를 받게 한다. 특히 인생의 역경을 극복하지 못하고, 미래의 소망을 잃어 버리고 삶을 쉽게 포기하려는 젊은이들에게 큰 지혜와 용기를 가져다 주는 표본이 될 것으로 확신하며, 이 책을 감히 추천하는 바다.

2007년 8월 1일
대한예수교장로회 총회 총회장
대한예수교장로회 신일교회 담임 목사
이 광 선

축사......

　　지금으로부터 60여 년 전인 1947년 남과 북이 분단되어 북한에는 소련군이, 남한에는 미군이 주둔하고 있을 때입니다. 당시 16세 소년으로서 부모를 떠나 홀로 북한에서 38선을 넘어 와 피난민으로 서울에서 살게 된 황문규 목사가 꿈 많은 소년시절을 대광고등학교에서 보내게 될 때 만나게 된 저와 황 목사는 동향인 절친한 친구 중의 한 사람입니다.

　　그런 친구가 1954년에 빈손으로 미국에 도착하여 어려운 환경 속에서도 대학 공부와 신학 공부를 잘 마치고 예쁜 미국 여성과 결혼하고 미국 남장로교회에서 목사 안수를 받고 미국 교회 목회를 담임하고 또 후에는 한국인 교회를 담임하였습니다. 특히 브라질 선교사로 12년 동안 활동하면서 4개 국어로 복음을 전하다가 목회 현장에서 은퇴 후 대학에서 상담학 교수로 활동하며 최근에는 세선회라고 하는 선교 단체를 중심으로 남미 선교를 위해 맹활약을 하고 있습니다.

　　이번에 황문규 목사님이 집필한 저서《꿈 따라, 사랑 따라, 사명 따라》는 미래를 사는 젊은이들이 꼭 한 번 읽어야 할 그의 라이프 스토리(life story)입니다. 이 책을 필독 도서로 추천하며 출판하게 된 것을 진심으로 축하드립니다.

2007년 8월 1일
개봉장로교회 원로 목사
오 세 철

머리말

　　1947년, 16세 소년으로 혼자 월남하여 서울에서 고학하던 중에 한국전쟁이 일어났다. 일선에서 미 해병대 통역으로 근무하는 동안 하나님의 특별한 은혜로 1954년에 미국으로 유학을 가게 되었다. 미국에 도착했을 때는 호주머니에 1달러가 남아 있었다. 낯선 땅에서 대학과 신학 공부를 마치고 미국 교회와 한국 교회를 담임했다. 또한 12년 동안 남미 브라질에서 선교사로 사역했고 은퇴 후에는 대학에서 가르치기도 했다. 조국을 떠나 53년 동안 해외 생활을 하면서 쓴 일지와 잊을 수 없는 체험담을 이 책에 기록하였다.

　　내가 조국을 떠난 후 성실하고 부지런한 한국 사람들은 하나님의 축복 아래 한국을 세계 11대 경제 대국으로 발전시켰다. 따라서 많은 사람들이 유학과 이민, 사업과 관광을 위하여 미국을 비롯한 세계 여러 나라에 진출하는 국제 시대를 열었다.

내가 걸어온 53년 동안의 해외 경험을 통하여 21세기 국제 시대를 지향하는 독자 여러분이 보람 있고 성공적인 생활을 하는 데 조금이나마 도움이 되길 진심으로 바라는 바다.

2007년 8월 1일
미국(Washington, D.C.)에서
황 마 태(문규)

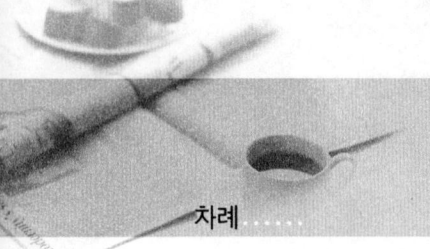

차례

추천사 1 [설의돈 목사] _ 4
      2 [송영선 목사] _ 6
      3 [이광선 목사] _ 8
축　　사 [오세철 목사] _ 10
머리말 _ 12

제1부 8·15 해방의 기쁨과 슬픔

잊을 수 없는 일본 선생 …………………………… 20
불치병을 고치신 기적의 하나님 ………………… 22
홀로 월남한 16세 소년 …………………………… 28

제2부 남한에서

고학생의 엽전 ……………………………………… 32
장면 대사 부인의 친절 …………………………… 34
비참한 한국전쟁과 감추어 있는 보화 …………… 37
미 해병대에서 만난 친구 ………………………… 40
마침내 미국으로 유학 …………………………… 45

제3부 미국이란 나라

미국의 첫인상 ……………………………… 52
미국 대학에서 ……………………………… 54
미국 신학교에서 …………………………… 57

제4부 잊을 수 없는 미국 유학과 목회 이야기

1달러를 가지고 미국에 도착 …………………… 62
미국에서의 첫 대통령 선거(1956년) …………… 64
세탁소에서 일하는 대도시 시장의 아들 ………… 66
대학 졸업 후의 첫 직장 ………………………… 68
서울 코랄과 이중 축복을 받은 필라델피아 여인 …… 71
하나님과 씨름한 여름방학 ……………………… 75
미국 대학에서 만난 아름다운 한국 여학생 ……… 79
실패한 미국 여학생과의 첫 데이트 ……………… 84
데이트에 성공하는 비결 ………………………… 88
신학교에서 만난 아름다운 미국 여학생 ………… 93
조지 버트릭 박사(Dr. George Buttrick)의
   멋있는 결혼 상담 ……………………………… 97
버지니아 주 대신 메릴랜드 주에서 올린 결혼식 …… 100
결혼을 반대한 미국인 장모의 사랑 ……………… 103

마틴 루터 킹(Martin Luther King) 목사의 영향 …… 105
왜 미국 교회에서 목회를 했나? ………………… 107
미국인 장로의 개심 ……………………………… 111
영생을 놓친 C.E. 교인 …………………………… 113
젊은 미국인 집사의 구원과 교회 부흥 ………… 115

제5부 브라질 선교

북미에서 남미로 ………………………………… 120
북미와 남미의 제일 큰 차이점 ………………… 125
언어가 왜 그렇게 중요한가? …………………… 129
4개국 언어로 주례한 국제 결혼식 …………… 131
브라질은 왜 남미의 중국인가? ……………… 133
브라질 사람들의 꿈 …………………………… 139
브라질에 이민 온 한국 사람들 ……………… 141
이민 성공의 두 가지 비결 …………………… 144
상파울루 한인 연합교회 ……………………… 147
눈물 바다로 만든 밥 피어스(Bob Pierce)
    박사의 설교 ………………………………… 153

연합 수양관과 세계 선교 ·················· 158
나는 통합인가 합동인가? ················· 162
전 내무부 장관 장경근 씨의 개종 ············ 165
한국에서 나서 브라질과 미국에서 자란 우리 양딸 ······ 167
나는 미국인 아내와 이렇게 싸웠다·············· 175
23년 만의 감개무량한 조국 방문 ············· 179
나는 볼리비아에서 죽지 않고 돌아왔다 ········· 184
빌리 그레이엄 목사의 설교를 통역하면서·········· 187
브라질 선교의 4중 축복 ··················· 190

제6부 남미에서 북미로

미국에서 처음으로 목회한 한국인 교회 ············ 194
기적적으로 산 교회 건물 ··················· 198
이민 교회 목회가 왜 그렇게 힘들지요? ············ 203
미국 여자와 사는 것이 어떻습니까? ·············· 209
미국 교회와 한국 교회의 제일 큰 차이점 ········· 211
집과 남편을 잃은 여자의 성공 이야기 ············ 218
성령 충만한 사람도 이혼하는가?················ 221
예수님을 영접한 두 일본인 여자 ··············· 226
공중에서 예수님을 영접한 소련 여자 ············ 230
미국 교회도 싸웁니까?······················· 234

차례

중간목회(Interim Ministry)가 왜 필요한가? ………… 238

제7부 목회 은퇴와 새 사역

나는 이렇게 아케디아 대학 교수가 되었다 …………… 244
미국 유학 성공의 10가지 비결(십계명) …………… 249
미국 입국 비자를 받는 방법 ………………………… 256
미주 세선회를 창설하다 ……………………………… 262
세선 가정상담연구원 …………………………………… 265
태평양의 연어와 대서양의 참치를 잡으며 ………… 268
설의돈 목사(Rev. Benjamin Sheldon)의 미담 ……… 275
나의 생일 기도 …………………………………………… 277
세 가지 병의 기적적인 치유 ………………………… 282
장래는 꿈이 있는 자의 것이다 ……………………… 285

제1부 8·15 해방의 기쁨과 슬픔

내가 만 15세, 신의주 동중학교 2학년 때 8·15 해방을 맞이했다. 그렇게 강하게 보이던 일본이 마침내 제2차 세계대전에서 전패하였다. 라디오를 통해서 일본 천황이 떨리는 음성으로 무조건 항복을 선언할 때 꿈만 같았다. 그날의 기쁨과 감격은 아직도 기억에 생생하다. 그러나 얼마 안 되어 한국은 남북으로 갈라지고 많은 사람들이 북에서 남으로 피난할 수밖에 없는 슬픔이 찾아왔다.

나는 1930년 평북 용천군 용암포에서 10리쯤 떨어진 압록강 하구에 있는 진고지라는 곳에서 1남3녀 중 막내아들로 태어났다. 어머니의 이름은 이봉하로 1900년에 용암포에서 멀지 않은 북중면에서 태어나셨다. 16세 때 부잣집의 맏아들이었던 12세 된 황신항이라는 사람과 결혼하였다. 나의 아버지는 서울에서 양정중학교를 졸업하고 그 지방에서는 황교사로 알려져 있었다. 어머니는 부잣집의 맏며느리로서 고대하던 아들을 낳지 못하고 딸만 셋을 계속 낳자 많은 구박을 받다가 하나님의 자비로 나를 낳게 되었다. 세 누님 중 둘째 숙녀 누님은 월남하였는데 그만 6·25 한국전쟁 중 돌아가셨다.

부잣집의 외아들로서 나는 부모님의 특별한 사랑을 받으면서 자라났다. 그러나 조국은 남북으로 양단되고 부잣집의 아들로서, 또한 그리스도인으로서 북한에서 살기가 힘들다는 것을 깨달았다. 나는 부모님과 함께 월남하기를 원했다. 그러나 부모님은 대대 손손 살던 집과 재산을 다 버리지 못하고 나를 먼저 월남케 하신 후에 준비가 되는 대로 1년 안에 서울에서 만나기로 약속하였다.

따라서 나는 1947년에 16세 소년으로 홀로 월남하였다. 월남할 수 없는 부모님을 서울에서 기다리면서 혼자서 고학으로 대광고등학교를 마치게 되었다.

잊을 수 없는 일본 선생

1930년 내가 태어났을 때는 일본이 한국을 식민지화한 지 20년째 되는 해였다. 성장하며 국민학교(초등학교)에 다니기 시작했을 때는 이미 한국 사람들이 이름을 일본식으로 바꾸었으며 학교에서도 일본말만 쓰게 할 때였다. 또한 매일 아침 공부하기 전에 제일 먼저 전교생이 운동장에 모여서 일종의 군사 훈련인 조회(朝會)가 있었다.

1938년, 국민학교 2학년 때였다. 어느 날 아침에 전교생이 모여서 조회를 하고 있었다. 나는 우리 반에서 키가 두 번째로 작았기 때문에 맨 앞줄에 서 있었다. 마에다[前田]라는 일본군인

선생이 "차렷"이라고 호령했을 때였다. 일단 차렷하면 몸을 움직일 수 없었다. 그런데 나는 나도 모르게 오른손으로 가려운 얼굴을 긁고 말았다. 이것을 본 마에다 선생은 마치 굶주린 사자가 토끼를 발견한 것처럼 사납게 달려와서 나의 뺨을 쳤다. 얼마나 심하게 때렸던지 나는 즉시 그 자리에서 땅바닥에 쓰러져 버렸다.

정신을 차리고 일어났을 때는 이미 바지가 오줌으로 푹 젖어 있었다. 얼마나 아팠는지! 또 얼마나 창피했는지! 부잣집의 외아들로 곱게 자란 여덟 살의 어린아이로서는 너무나 감당하기 힘든 고통이었다. 육신적 고통보다 못지 않았던 것은 나의 자존심이었다. 그날에 당한 그 설움과 수모는 아직도 생생한 기억으로 남아 있다. 물론 그리스도의 사랑을 체험한 뒤 나는 오래전에 마에다 선생을 용서하였다. 그러나 그의 만행은 아직도 잊지 못하고 있다.

꿈 따라, 사랑 따라, 사명 따라

불치병을 고치신 기적의 하나님

8·15 해방 1년 전에 내가 신의주 동중학교에 다닐 때였다. 1944년 그 여름에 나는 심한 병에 걸렸다. 갖은 노력을 다해 치료를 받았으나 아무 효력이 없었다. 유명하다고 하는 의사들도 포기했다. 바로 그 절박한 때에 하나님께서 직접 개입하셔서 기적적으로 고쳐 주셨다. 찌는 듯이 무더운 어느 날이었다. 신의주 미력동에서 빙수라고 부르는 얼음사탕을 사 먹었는데 너무나 목이 말라서 한 그릇을 더 먹었다. 그렇게 세 번째 빙수를 먹고는 그 자리에서 설사를 시작하여 병석에 누웠다.

그 설사는 걷잡을 수 없었다. 음식을 먹는 대로 곧 피를 계속 배설하였다. 부모님은 당황하여 유명하다는 의사는 다 불러들였다. 그러나 아무리 유명한 의사의 치료를 받아도 조금도 낫지 않았다. 병은 점점 더 심해져 갔다. 부모님은 이왕 죽을 바에는 조용한 시골집에 가서 죽게 하자고 생각하셨다. 부모님은 나를 신의주에서 시골 고향집으로 데리고 가셨다. 죽을 시간만을 기다릴 뿐이었다. 이때 놀라운 기적이 생겼다. 하나님이 기적적으로 나를 일으키신 것이다.

압록강 하구에 있는 신도 섬에서 우리집으로 어떤 권사님이 찾아왔다. 이 권사님은 하나님께 신유의 은사를 받은 분이었다. 하나님은 이 권사님을 통해서 다 죽어가던 나를 완전히 고치셨다. 그 권사님의 말에 의하면 어느 날 신도 섬에 있는 자신이 다니던 교회에서 기도하고 있었는데 하나님께서 갑자기 "지금 이곳을 떠나 용천에 있는 중흥교회라는 곳에 가라!"고 명하셨다는 것이다. 지금까지 한 번도 가본 일도 없는 그 교회를 왜 가라고 하는지 이유도 알지 못했다. 그러나 하나님의 명령에 순종해서 그 권사님은 즉시 배를 타고 먼 길을 떠나 우리 교회를 찾아오셨다. 교회에 도착하자마자 만난 사람이 바로 나의 삼촌인 황신걸 장로였다. 그를 통해서 나의 병에 대한 소식을 듣고 하나님이 왜 이 먼 곳에 보냈는지 알게 되었다고 한다.

이 권사님과 함께 우리 교회의 여전도회가 주동이 되어 전교인이 나를 위해 기도하기 시작했다. 3일 후 그 성스러운 밤에, 마치 신약시대 성경에서 일어난 신비한 기적처럼 하나님은 나를 병석에서 일으키셨다. 시골집에 온 후 약 2주일 동안 나는 아무 것도 먹지 못하여 뼈만 남아 있었다. 아무 힘도 없었다. 너무나도 쓰리고 아픈 배를 움켜잡고 있는 힘을 다해서 소리를 지르며 울고만 있었다.

그때 나를 위해 기도하던 권사님은 이렇게 말씀하셨다. "부활하신 예수님은 하늘과 땅의 모든 권세를 가지고 하나님의 오른편에 앉아 계신다. 예수님은 어제나 오늘이나 내일이나 변함이 없으신 분이다. 예수님은 무엇이나 하실 수 있는 분이시다. 너의 병을 고치는 것은 아무것도 아니다. 예수님은 죽은 사람도 일으키실 수 있는 분이다. 그런데 네가 이 병이 나아서 건강한 몸으로 그 전과 같은 죄의 생활을 되풀이한다면 몇십 년을 더 산다 할지라도 아무 의미가 없다. 그러나 네가 너의 전부를 하나님의 영광을 위해서 바치면 예수님은 너를 고쳐 주신다. 당장 이 시간에 고쳐 주신다." 그 권사님의 말에는 무엇인가 거역할 수 없는 권위가 있었다.

나는 그 말씀을 믿음으로 듣고 전부 받아들였다. 죽음을 앞에 둔 사람으로서 나에게는 세상의 아무 미련도, 유혹도 없었다. 그렇기 때문에 나 자신을 하나님께 드린다는 것은 사실 쉬운 일이었다. 나를 고쳐 주신다는 예수님께 나의 전부를 내놓았다. 하지만 병은 아직 낫지 않았다. 너무나 아픈 배를 움켜잡고 더욱 소리를 지르면서 심하게 울었다. 그때였다. 그 권사님이 다시 나에게 말씀하셨다. "문규야, 네가 그렇게 아플 때 너의 죄를 위해서 십자가를 지신 예수님을 바라보아라!"

나는 권사님이 하라는 대로 했다. 십자가에 달리신 예수님을 바라볼 때 예수님이 세상을 위해서, 혹은 막연하게 많은 사람들을 위해서가 아니라 바로 나 자신을 위해서 그 십자가를 지신 것을 처음으로 깨달았다. 이 귀하고 보배로운 사실을 발견한 것은 내 일생을 크게 변화시켰다. 나를 위해 손과 발에 못 박히신 예수님, 나를 위해 옆구리를 창에 찔린 예수님을 바라보았다. 그렇게 쓰라리고 아프던 나의 고통은 십자가에서 당하는 예수님의 고통에 비할 때 아무것도 아니었다. 나는 마치 그 험한 못이 나 자신의 손과 발에 박히는 듯한 고통을 느꼈다. 그 날카로운 창이 내 옆구리에 찔리는 듯한 고통을 느꼈다. 그때 내 고통은 잊어버리고 예수님의 그 무서운 고통을 생각하면서 울기 시작했다. 적어도 한 시간이나 나도 모르게 어린아이처럼 흐느껴 울었다.

그때였다. 갑자기 그 십자가의 예수님이 나에게 나타나셨다. 바로 2천 년 전에 십자가를 지신 그 예수님이 병석에 누워 있는 나에게 찾아오신 것이다. 인간의 말로는 결코 표현할 수 없는 체험이었다. 그 순간 내 병은 순식간에 사라졌다. 온데간데없이 깨끗이 사라졌다. 무섭게 쓰라린 아픔이 그 순간 완전히 사라지고 말았다. 마치 캄캄했던 어둠이 스위치 하나를 누름으로 깨끗이 사라지고 밝은 빛이 방을 점령하듯이 나는 완전히 나았던 것이다. 그 순간 나를 위해서 열심히 기도하시던 권사님이 선언했다.
"문규는 나았습니다! 무엇이든지 문규가 원하는 음식을 갖다 주십시오."

이 기적은 그날 밤 12시쯤에 일어났다. 얼마 전 예수님을 처음으로 믿게 된 어머니는 무슨 영문인지도 모르고 어리둥절한 모습이었다. 침상에 누워서 아무것도 먹지 못하고 뼈만 남은 아들이었다. 그 같은 기적을 처음으로 본 어머니는(아마 너무 기쁘고 감개무량한 마음으로) 아무 말없이 부엌으로 나가셨다. 그리고 작은 닭 한 마리를 잡아서 내가 좋아하는 방법으로 요리를 하여 가져오셨다. 나는 남의 도움 없이 혼자서 일어나 앉았다. 그리고 마치 밖에서 운동하다가 배가 고파서 들어온 아이처럼 그 음식을 하나도 남기지 않고 모두 먹어 버렸다. 수십 년 후 나의 간증을 들은 어떤 의사는 "병이 나은 것도 큰 기적이지만 그런 상태에서 그 햇병아리를 통째로 다 먹고도 그 자리에서 쓰러져 죽지 않은 것이 더 큰 기적이었습니다!"라고 말했다.

신의주는 겨울에 대단히 춥고 여름에는 대단히 무더운 곳이었다. 후에 알게 된 일이지만 당시 빙수는 압록강에서 온 얼음이었다. 겨울에 얼어붙은 그 얼음을 압록강에서 운반하여 창고에 보관해 두었다가 여름에 꺼내서 빙수를 만드는 것이었다. 불결한 얼음을 기계로 갈아 빨간 설탕을 넣어 파는 것을 나는 세 그릇이나 먹고 병에 걸렸던 것이다. 당시 그 병을 바르게 진단하는 의사는 한 사람도 없었다. 수십 년 후에 그것이 일종의 콜레라였을 것이라고 말하는 의사도 있었다. 아무튼 모든 의사들이 포기하고 다 죽게 되었을 때 하나님은 특별한 기적적인 방법으로 나를 고쳐 주셨다.

63년이 지난 오늘날 나는 하나님의 놀라운 섭리와 사랑에 대해서 다음의 두 가지를 생각한다. 첫째로, 내가 누구관대 온 우주를 창조하신 하나님의 독생자 예수님이 내가 죽게 되었을 때 친히 내 병석을 방문하시고 그러한 엄청난 성령의 역사를 이루신 것인가!

　우리집은 전통적으로 조상을 숭배하는 가정이었다. 나는 우리 가정에서 제일 처음으로 예수님을 믿은 초대 신자였다. 둘째로, 그날 밤 내가 병에서 나을 때 내가 후에 목사가 되리라는 것은 꿈에도 생각지 못했던 것이다. 그러나 하나님은 만세 전부터 나를 자기의 것으로 택하셨다. 나를 그분의 복음을 위해서 선택하시되 놀라운 계획(Blue Print)을 설계하신 것이다. 얼마나 좋으신 하나님이신가!

꿈 따라, 사랑 따라, 사명 따라

홀로 월남한 16세 소년

기독교신자였기 때문에, 또한 부모가 부자였기 때문에 북한은 내가 살 수 없는 곳이 되어 버렸다. 대대손손 살아오던 집과 재산을 버리고 떠나지 못하는 부모님과 작별하고 나는 1947년 16세 소년으로서 혼자 집을 떠나게 되었다. 집을 떠날 때 부모님은 준비가 되는 대로 월남하시겠다며 1년 내에 서울에서 만나자고 약속하셨다. 당시 월남한다는 것은 그리 쉬운 일이 아니었다. 그러나 하나님의 도우심으로 나는 친구와 함께 무사히 월남했다.

그 후에 서울에서 나는 매일같이 부모님을 기다렸다. 매주일 아침에 서울의 영락교회에 찾아갔다. 신의주에서 목회하시던 한경직 목사님이 시작한 교회라 많은 피난민들이 모였다. 또한 영락교회는 월남한 가족들이 서로 만나는 곳으로 알려져 있었다. 물론 첫째 목적은 예배를 드리는 것이었지만 또 한 가지 목적은 1년 안에 월남하기로 약속한 부모님을 만나기 위하여 매주 교회에 갔다. 그렇게 기다렸던 부모님은 영영 나타나지 않으셨다. 우리의 작별은 이 세상에서 다시 만날 수 없는 영원한 작별이 되고 말았다.

제2부 남한에서

부모님의 슬하에서 곱게 자라던 나는 정든 고향 용암포를 떠나 신의주에서 기차를 타고 해주에 도착하였다. 해변가에 있는 초라한 주막집에서 숨죽이며 하룻밤을 새고 새벽에 38선을 넘는 피난민들 사이에 끼여 임진강을 건너 월남하기로 하였다. 알지도 못하는 안내자의 인도에 따라 엄격한 공산당의 경비망을 뚫고 그 강을 건너 당시 38선 이남에 속했던 개성에 무사히 도착한 것은 1947년 5월이었다.

낯선 서울에 도착했을 때, 두 가지 가혹한 실정이 나를 기다리고 있었다. 첫째로, 매일같이 학수고대하던 부모님은 종래 서울에 나타나지 못하셨다. 후에 알게 되었지만 세 번이나 배를 사서 월남하였으나 매번 공산당 경비병에게 붙잡히고 마셨던 것이다. 따라서 나는 객지 한등 밑에서 피난민이자 고학생의 신세가 되고 말았다. 둘째로, 당시 남한의 정치적 혼란이었다. 일제 통치에서 해방 되고 1948년 5월 10일에 총선거가 실시되고 미국에서 독립운동을 하던 이승만 박사가 대통령이 되었다. 그러나 아직도 우익과 좌익간의 계속적인 정치적 투쟁과 경제적인 도탄(빈곤) 속에서 일반 서민들은 비참한 생활에 허덕이고 있었다.

북한에서 내 자신이 참여한 신의주학생사건을 총과 칼로 단숨에 해결하는 소련의 독재적인 공산주의와 남한을 점령한 미군의 민주주의 정책을 비교할 때 너무나 현저한 큰 차이점을 확인할 수 있었다. 아직 여러 면으로 미숙한 젊은 학생이었지만 나는 마음속 깊이 깨닫는 바가 있었다. 즉 일개 나라의 독립이란 그 나라 국민 자신의 노력으로만 획득할 수 있다는 것이었다. 따라서 당시 나에게 실감을 주는 민요처럼 들리는 말이 있었다. 즉 "미국을 믿지 말고 소련에 속지 말라, 일본은 일어서니 조선은 조심하라."

꿈 따라, 사랑 따라, 사명 따라

고학생의 엽전

월남한 직후 몇 달 동안은 인천의 친척 집에서 월남하기로 약속한 부모님을 기다렸다. 어느 주일 아침에 인천 제일장로교회에서 예배를 드리고 있었다. 이기영 목사님의 십일조에 대한 설교를 감명 깊게 듣고서 헌금을 하는 시간이었다. 북한에서는 우리가 부자로 살면서도 한번도 십일조를 제대로 드리지 못했다. 그리고 이후에는 모든 재산을 공산당에게 고스란히 빼앗기고 말았다. 생각할수록 분하고 기가 막혔다. 마음이 아파서 견딜 수가 없었다. 눈물로 회개하면서 나는 호주머니에 남아 있는 돈 전부를 하나님께 바쳤다. 지금 생각하니 얼마 되지 않는 돈이었다. 그러나 그때는 이 지상에 있는 나의 전 재산이었다. 성경에서 예수님은 과부의 엽전을 부자들의 헌금보다 더 귀하게 여기셨다고 했다. 얼마 후 미국에 빈손으로 유학 가는 나를 축복하시기 위해서 그때 하나님은 나의 마음을 감화시켜 주신 것이었다. 나는 나의 전 재산인 과부의 엽전을 하나님께 바칠 만한 용기가 있는 사람이 아니었다. 이것은 순전히 나를 장차 경제적으로 축복하기를 원하시는 성령님의 역사였다고 생각된다.

또한 중병으로 내가 죽게 되었을 때 그 병을 고쳐 주시기 위해서 하나님은 나에게 이름 모르는 권사님(천사)을 보내 주셨다. 하나님께 나 자신을 전부 바치게 한 것도 내가 한 것이 아니었다. 내가 만일 건강할 때였다면 나는 절대로 나 자신을 하나님께 바칠 만한 믿음의 소유자가 아니었다. 하나님은 그 무서운 병을 나에게 허락하시고 죽음 앞에 선 내가 어쩔 수 없이 하나님께 나의 전부를 드릴 수 있도록 하셨던 것이다. 나를 축복하시고 후에 목사로 만들기 위해서 내 힘으로는 할 수 없는 것들을 하나님이 성령의 역사로 직접 이루셨다.

꿈 따라, 사랑 따라, 사명 따라

장면 대사 부인의 친절

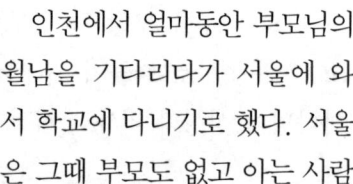

인천에서 얼마동안 부모님의 월남을 기다리다가 서울에 와서 학교에 다니기로 했다. 서울은 그때 부모도 없고 아는 사람도 없는 낯선 곳이었다. 마침 영락교회에서 피난민 학생들을 위해서 세운 학교가 있었다. 대광고등학교가 돈도 없는 나를 두 팔 벌리고 환영해 주었다. 후에 생각하니 훌륭한 믿음을 가진 선생님들이 많이 있는 대광에서 공부하게 된 것 또한 하나님의 크신 은혜였다. 이 학교에서 좋은 신앙 교육을 받았을 뿐만 아니라 또한 일평생 함께 복음을 전할 수 있는 귀한 믿음의 친구들을 만났다. 특히 의화 동지회 회원—김철우 장로, 박일철 박사, 박형종 박사, 석세일 박사, 오세철 목사, 최벽칠 목사, 홍달천 장로—

은 후에 세선회를 통하여 함께 전 세계에 복음을 전하는 귀한 믿음의 동지들이 되었다.

고등학교를 다닐 때 여러 방법으로 고학을 하였다. 시장에서 옷장사도 했고 저녁에 음식점을 찾아다니며 잡지나 촛대를 팔 때도 있었다. 하루는 당시 미국의 대사를 지내던 장면 대사의 관저를 방문했다. 고등학교 동기 동창이자 후에 함께 미국에 유학 간 친구인 홍달천과 함께 촛대를 들고 고래 같은 큰 기와집에 들어갔다. 그때 나는 내성적이고 조용한 학생이었다. 이렇게 큰 집에 과연 들어갈 수 있을까? 들어간들 촛대를 사줄까? 아마 사지 않을 거야! 이렇게 부정적으로 생각하고 있을 때 외향적이고 활발한 달천이는 일부러 웃으면서 큰 소리로 말했다.
"자, 이 큰 집이 우리 집이다. 들어가자!"
나는 용기를 얻어 그와 함께 들어갔다. 주인을 부를 때 나온 분은 바로 장면 대사의 부인이었다.

마침 화장실에서 용무를 마치고 돌아온 호위 경찰관이 우리를 보더니 당황하며 쫓아내려고 했다. 그 부인은 호위병을 멈추게 하고 촛대를 손에 든 우리 두 학생의 말을 정중히 들은 후, "학생들, 잠깐만 기다려요!"라는 말을 남기고 안으로 들어갔다. 잠시 후에 돈을 가지고 나온 그녀는 친절히 촛대 여러 개를 사주었다. 우리는 감사하고 기쁜 마음으로 그 집을 나왔다.
먼저 감사한 것은 함부로 들어갈 수 없는 큰 고급 관리의 집에 들어갈 수 있었다는 것과 촛대를 팔아 필요한 학비를 벌었다는 것이었다. 그러나 그것보다도 더 감사한 것이 있었다. 그녀는 아르바이트를 하는 고학생인 우리를 친절하고 정중하게 대해 주었다. 이것이 나에게는 대단히 귀했다. 부모도 없이 역경 속에서 고학하는 나에게 학비 못지않게 필요한 것이 있었다. 월남하기 전 집에 있을 때 나는 장난꾸러기였다. 될 수 있는 대로 공부 대신 놀기만을 좋아했다. 공부하라고 재촉하는 부모님의 훈계를 귀찮게 생각했을 때도 있었다. 그러나 이제는 장래를 위해서 걱정해 주고 충고해 주는 부모님이 있는 학생들이 그렇게 부러울 수가 없었다.

장면 대사 부인의 친절과 존경은 나에게 용기와 자긍심을 심어 준 귀한 선물이었다. 또한 그 큰 집에 들어갈 수 있도록 알맞은 시간에 그 호위병 경찰관이 화장실에 간 것도 너무 감사한 일이었다.

꿈 따라 사랑 따라 사명 따라

비참한 한국전쟁과 감추어 있는 보화

　　　　　　　　　　내가 고등학교를 막 졸업하
　　　　　　　　　는 해였다. 1950년 6월 25일,
　　　　　　　　　이른 주일아침에 북한의 선제
　　　　　　　　　공격으로 참혹한 한국전쟁은
시작되었다. 아무런 준비도 없이 잠자고 있을 때 선전포고도 없
이 공격해 온 북한군은 3일 만에 서울을 점령해 버렸다. 뿐만 아
니라 계속해서 적군은 별 어려움 없이 1개월 안에 남한 땅 거의
전부를 점령하고 말았다. 만일 미군과 유엔군이 오지 않았더라
면, 만일 9월 15일 맥아더 장군의 성공적인 인천 상륙이 없었더
라면 오늘날 한국의 역사는 어떻게 되었을까?

　　6·25는 미군을 포함한 16개국의 유엔군과 남한 국군을 합해

미 해병대 통역으로 근무(1952년)

서 약 58만 명의 전사자를 포함하여 약 1백60만 명의 공산군 전사자, 1백만 명 이상의 일반인들의 생명을 빼앗아 간 참으로 가혹한 전쟁이었다.

그러나 아이러니컬하게도 세계적으로 'Hermit Kingdom'이라고 불릴 정도로 잘 알려지지 않았던 한국은 이 전쟁으로 세계에 알려졌다. 또한 그 후 작은 나라 남한은 오늘날 11대 경제대국으로 국제무대에 등장했다. 나도 마찬가지였다. 그 험악한 38선과 가혹한 한국전쟁이 없었더라면 월남하고 또한 멀리 미국에 가서 공부하여 목사가 될 수 있었을까? 모든 수난 가운데서도 하나님의 오묘하고 놀라운 섭리를 생각할 때마다 하나님께 감사와 찬양을 드릴 수밖에 없다. 과연 하나님은 자기를 사랑하는 자, 자기의 뜻대로 부르심을 입은 자들에게는 모든 것을 합력하여 선을 이루시는 것을 나의 전 생애를 통해 깨닫는다(롬 8:28).

전쟁 중 나는 미 해병대 통역으로 근무했다. 당시 한국 청년으로 국군에 입대하는 대신 미 해병대에 입대한 것, 그 자체가 나에게는 하나님의 특별한 섭리였다. 그것이 계기가 되어 부모도 없고 돈도 없는 피난민 학생이 미국에 가서 공부하고 미국인 교회와 한국인 교회에서 목회를 하며 또한 남미에 가서 복음을 전할 수 있었던 것이다.

꿈 따라, 사랑 따라, 사명 따라

미 해병대에서
만난 친구

미 해병대 통역으로 있을 때 나보다 영어를 더 잘하는 사람도 여러 명 있었다. 그러나 하나님께서 나와 함께하심으로 미 해병대 군인들에게 은혜를 받게 하셨다. 미군 중 마이크 헤건(Mike Hegan)이라는 젊은 병사가 있었는데 그는 나를 매우 좋아했다. 미국에 있는 어머니에게 나를 소개했고 편지할 때마다 나에 대한 좋은 말을 전하곤 했다. 그의 어머니에게서 내게로 편지가 오기 시작했다. 편지를 받을 때마다 나는 감사한 마음으로 답장을 썼다. 머지않아 편지를 통해 우리는 친구가 되었고, 크리스마스 선물까지 받았다.

한 번은 헤건 여사(Mrs. Hegan)가 편지로 내게 미국에 와서 공부하고 싶은 생각은 없느냐고 물었다. 그때 내 마음은 공부에 대한 열의로 가득 차 있었다. 기쁘고 감사한 마음으로 나는 그러고 싶다고 대답했다. 나의 편지를 받은 헤건 여사는 자기가 다니는 교회와 켄터키(Kentucky) 주 루이빌(Louisville) 시에 있는 장로교 신학교를 통해서 내가 공부할 수 있는 대학을 알아봐 주었다. 그리고는 나에게 제일 적합한 학교 워렌 윌슨 칼리지(Warren Wilson College)에서 장학금을 받고 공부할 수 있는 입학 허가를 받아 주었다.

한국전쟁 때 미 해병대에서 만난 마이크 헤건과 함께(1955년 미국에서)

나는 2~3년 동안 근무하던 미 해병대를 사임하고 유학 수속을 위해서 서울로 돌아왔다. 고등학교 동기 동창인 친구 백선일의 집에서 유숙하면서 수속을 시작했다. 그리고 생활비를 위해서 근처에 있는 미군 통신부대에 취직하였다. 그때 친구 백선일도 미국 유학 수속 중이었다. 그런데 비자 받기가 힘들어서 2년 동안 고생하고 있었다. 나는 돈도 없고 뒤를 봐 줄 만한 아무 배경도 없는 사람이라 만일의 경우를 염려하여 비자를 받을 때까지 유학 간다는 말을 아무에게도 하지 않았다. 다만 멀리 낯선 나라에 갈 준비를 하면서 매일 새벽 기도회에 참석하기 시작했다.

제일 먼저 문교부 시험을 통과했다. 그 다음 외무부를 거쳐 서울 경찰국의 신원조사가 있었다. 제일 걱정되는 것은 국방부였다. 전쟁 중에 일선에서 복무했지만 국군에 입대하지 않았기 때문이었다. 그러나 무사통과였다. 하나님께서 같이하심으로 수속이 그렇게도 쉬울 수가 없었다. 아무래도 제일 중요한 것은 미 대사관에서 비자를 받는 것이었다. 약속 시간에 미 대사관으로 갔다. 나의 서류를 점검하면서 부영사는 한 가지를 물었다. "미국에 가면 무슨 공부를 할 계획입니까?" "신학을 공부하고 목사가 되려고 합니다"라고 대답했다. 나를 잠깐 바라보던 부영사는 "Best wishes!(잘 되기 바라오!)"라고 한마디 말하면서 그 자리에서 비자를 내 주었다.

비자를 손에 든 나는 마치 꿈을 꾸는 것 같았다. 그렇게 어렵다는 비자를 받는 데 약 10분밖에 걸리지 않았다. 얼마나 기쁘고 하나님께 감사했던지! 너무나 기쁘고 감사해서 눈물을 흘릴 정도였다. 내가 유숙하던 친구의 집으로 돌아왔다. 그 친구는 아직도 비자를 받지 못했기 때문에 차마 기쁜 소식을 입 밖에 내질 못했다. 다행히도 2주 후에 그 친구도 비자를 받았다. 그때야 비로소 이미 내가 먼저 비자 받은 것을 알리고 그 친구와 함께 온 가족이 기쁨을 나누었다. 그때 내 마음속 깊이 생각나는 것은 부모님이었다. 이 기쁜 소식을 아셨다면 부모님이 얼마나 기

미 해병대 통역으로 근무(1952년)

뻐하실 것인가! 전란 중에 아들이 죽지 않고 살아 있다는 것만 아셔도 기뻐하실 터인데 더군다나 미국에 유학까지 간다는 것을 아시면 얼마나 더 기뻐하실 것인가?

이제 나에게 한 가지 필요한 것은 비행기 표였다. 그때 나는 돈이 전혀 없었다. 그러나 비자 수속에 신경을 쓰느라고 비행기 표에 대해서는 아무런 생각도 해본 일이 없었다. 비행기 표가 얼마나 비싼지도 몰랐다. 그런데 하루는 뜻밖에 고등학교 동창인 정이라는 친구가 찾아왔다. "너, 미국에 유학 간다지? 돈 좀 벌지 않을래?" "돈? 벌어야지!" 나는 대답했다.

그 당시 정 동문의 형은 미국에서 유학하고 있었는데, 유학하면서 집에 생활비까지 보내는 대단한 사람이었다. 그런데 현금 대신 나일론을 보내려고 한다는 것이었다. 나일론 천은 한국에 도착하면 몇 배 더 비쌌다. 그렇지만 그것을 보내고 싶어도 받을 길이 없다는 것이다. 만일 미군 부대에서 근무하는 내가 그것을 받을 수만 있다면 원가를 제외한 이익의 절반을 나에게 주겠다고 했다. 나는 그 친구의 제안을 받아들였다.

그 형은 곧 내가 일하고 있는 미군 부대 주소로 나일론을 보내왔다. 별로 크지도 않은 두 상자의 나일론 천이 도착했다. 그것을 정 동창이 팔았고 약속한 대로 이익의 절반을 나에게 주었다. 그 돈으로 나는 미국에 가는 데 필요한 비행기 표를 샀다. 너무나도 신기한 것은 그 돈이 내가 비행기 표를 사는데 필요한 액수와 정확하게 들어맞는 것이었다. 나는 하나님의 놀라운 사랑에 감탄할 수밖에 없었다. 하나님은 나에게 기적적으로 비행기 표를 주신 것이다. 하나님이 나를 왜 이렇게 사랑하실까? 나는 믿지도 않는 가정에서 태어났고 주님을 위해서 아무것도 한 것이 없는데!

놀라우신 하나님! 온 우주를 창조하신 전능하신 하나님이 독생자 예수님을 통해서 나를 아들로 삼아 주셨다. 뿐만 아니라 나를 미국에 유학 보내 주시고 또한 나의 필요를 세밀한 부분까지 다 아시고 공급해 주신 하나님께 머리 숙여 감사할 뿐이었다. 이렇게 좋으신 하나님을 나의 아버지로 부르며 살게 된 것을 어떻게 감사해야 할 것인가?

꿈 따라, 사랑 따라, 사명 따라

마침내
미국으로 유학

잊을 수 없는 유학 길로 오르는 날 아침, 영락교회 한경직 목사님의 축복 기도를 받고 서울의 반도호텔 앞으로 나온 많은 교인과 친구들의 환송을 받으면서 우리 세 사람은 한국을 떠났다. 대광고등학교 2회 졸업 동기 동창인 홍달천과 백선일과 나는 노스웨스트 비행기로 서울을 떠났다. 동경에서 이틀을 묵고 1954년 9월 4일 미국 켄터키(Kentucky) 주 루이빌(Louisville) 시에 무사히 도착했다. 이곳은 나의 보증인 메리 케이트 헤건 여사(Mrs. Mary Kate Hegan)가 사는 곳이었다.

도착하자마자 미리 나와서 기다리던 헤건 여사의 따뜻한 환영

대광고등학교 2회 동창들의 미국 유학 환송
(왼쪽부터 백선일, 필자, 홍달천, 1954년 8월)

을 받았다. "나의 아들 문규!"라고 부르며 서양식으로 포옹을 하면서 헤건 여사는 나를 사랑으로 환영해 주었다. 감개무량해서 나도 모르게 감사의 눈물을 흘렸다. 친아들과 같이 대해 주는 헤건 여사의 사랑을 받으면서 나는 마음속 깊은 곳에 자리한 북한에 계시는 어머니가 생각났다. 그날 따라 어머니가 그렇게도 보고 싶었다. 그 험한 6·25 한국전쟁 중에서도 죽지 않고 살아 있을 뿐만 아니라 내가 지금 미국에 유학 왔다는 사실을 어머니에게 알릴 수만 있다면 얼마나 좋을 것인가!

동행한 친구 홍달천, 백선일과 함께 우리는 헤건 여사의 집에 도착했다. 다음 날 아침에는 루이빌 신문사에서 기자가 찾아왔다. 헤건 여사와 함께 나의 사진을 찍으면서 미국에 온 동기와 배경을 신문에 크게 실었다. 우리는 이미 9월 초에 시작하는 학기에 늦었으므로 헤건 여사의 집에서 이틀을 묵은 후 그곳을 떠나 각각 자기 학교로 떠났다.

그녀의 아들 마이크는 이미 한국 전선에서 돌아와서 결혼하고 따로 살림을 차리고 있었다. 헤건 여사는 50대의 과부로 자기 어머님 햄 씨(Miss Hamm)와 50이 가까워 오는 미혼인 여동생 씨씨(Sisie-별명)와 함께 살고 있었다. 직장은 당시 미국에서 제일 큰 백화점인 시어스 로벅(Sears Roebuck)에 다니고 있었는데, 20여 년 동안 일하고 있었다. 나는 한국에 있을 때 미국인들은 전부 부자인 줄만 알았다. 그러나 그들의 검소한 생활을 보면 헤건 여사는 결코 부자가 아니라는 것을 곧 알 수가 있었다. 그럼에도 나를 그렇게 사랑하고 도와준 데 대해서 그녀를 더욱 존경하고 사랑하게 되었다. 그녀는 나의 미국 유학을 위해서 마치 자기의 친자식처럼 헌신적으로 노력하셨다.

내가 심한 병에 걸렸을 때 고쳐 주시기 위해 오신 권사님이 하나님께서 보내 주신 첫 번째 천사였다면 헤건 여사는 나의 유학을 위해서 보내 주신 두 번째 천사였다. 온 우주를 창조하신 위대하고 광대하신 하나님께서 내가 누구관대 이렇게 사랑하시는 것일까? 사람의 생각으로는 이해하기 어려운 놀라운 하나님의 사랑에 머리 숙여 감사하며 찬양할 뿐이었다.

우리가 떠날 때 헤건 여사는 옷을 사주고 대학까지 가는 데 필요한 여비도 주셨다. 천사와도 같이 나를 사랑해 주고 도와준

나의 미국 유학을 도와준 메리 케이트 헤건 여사(맨 오른쪽)

이 미국인 어머니는 내가 대학을 졸업하기 얼마 전 하나님의 부르심을 받고 먼저 주님의 품에 안기셨다. 나는 사랑만 받고 아무것도 보답하지 못한 것이 너무나 안타까웠다. 미국에 빈손으로 와서 공부하면서 나는 이 미국 어머니를 비롯해서 많은 사람들의 물심양면의 도움과 사랑을 받았다. 이 모든 사랑의 빚을 그들에게 직접 갚지는 못하지만 하나님은 내가 목사가 되어서 주님의 귀한 사랑을 많은 사람들에게 전하게 하셨다. 얼마나 아름답고 감사한 축복인가!

친구 백선일은 인디애나(Indiana) 주의 센터 칼리지(Center

College)를 향해 떠났다. 친구 홍달천과 나는 그레이하운드 (Greyhound) 버스를 타고 노스 캐롤라이나(North Carolina) 주에 있는 워렌 윌슨 칼리지(Warren Wilson College)를 향해 떠났다. 켄터키(Kentucky) 주에서 테네시(Tennessee) 주를 거쳐 노스 캐롤라이나 주로 가면서 미국이 얼마나 크고 넓고 아름다운 나라인지 알 수 있었다. 누가 이 나라를 미국(美國)이라 이름지었는지는 모르지만 이 나라는 과연 그 이름과 똑같이 대단히 아름다운 나라였다.

제3부 미국이란 나라

제2차 세계대전에서 패망한 일본, 독일과 이탈리아는 물론 전 유럽이 쑥대밭이 되었을 때 승전국이 되었다고는 해도 소련도 역시 경제적으로 파산한 나라였다. 반면 제2차 세계대전 초에 일본의 기습으로 파괴된 진주만을 제외하고 미국 본토는 손톱 끝만한 상처도 받지 않은 나라였다. 소련의 국제 공산당의 도전으로 이루어진 냉전 속에서도 미국은 과연 20세기의 유일한 초대형 국가라고 볼 수 있었다. 미국은 정치 경제적으로 부강한 나라로서 미국 국민들은 모든 일에 낙관적이고 긍정적인 전망을 가지고 있었다.

내가 미국에 도착한 1954년은 한국전쟁을 김일성에게 허락한 스탈린(1953년 3월 5일)이 죽고 중국의 지도자로서 전국 공산당의 주석으로 재선된 모택동의 위치가 국제적으로 강해지는 때였다. 국내적으로는 19세의 엘비스 프레슬리가 처음으로 "Casual Love"와 "I will never stand in your way"를 멤피스 스튜디오(Memphis studio)에서 부르면서 처음으로 전국적인 신문에 등장했던 때였다.

또한 판문점에서 시작된 휴전 회담은 1953년 7월 27일에 휴전이 서명된 다음 해였다. 한국전에 참전함으로 5만 4,246명의 전사자가 발생한 미국은 1954년 8월 12일 신문에 '유엔군은 마지막으로 북한 땅을 떠난다(U.N. leaves last North Korean area)'라는 기사에 다음과 같이 보도했다.

"한국에서 싸우던 유엔군 사령부는 오늘 한국에서 철수한다. 다시 북조선과 남한의 군이 협소한 비무장 지대를 사이에 놓고 서로 맞서 바라보게 되었다. 3년 동안의 많은 인명을 희생시킨 가혹한 전쟁의 실재적 결과는 남한이 38선 이북의 1만2,000평방마일(Square miles)을 얻은 것뿐이다. 그러나 중요한 것은 역사상 처음으로 국제 연합(U.N.) 군이 합력하여 일개 나라가 타국을 침범한 것을 연합적으로 막아낸 것이다."

꿈 따라, 사랑 따라, 사명 따라

미국의 첫인상

전란으로 크게 파괴된 한국을 떠나온 내게 미국은 너무나 많이 발전된 나라였다. 깨끗하고 아름답고 모든 것이 질서정연하게 보였다. 미국에 와서 처음으로 본 것 중의 하나는 텔레비전이었다. 그때 텔레비전에 계속해서 나오는 한국에 대한 뉴스가 두 가지 있었다. 하나는 무거운 짐을 지고 전쟁을 피해 도망가는 비참한 피난민들의 모습과 또 하나는 고아들의 사진이었다. 한 달에 10달러만 보내면 고아 한 아이를 먹이고 재우고 학교에도 보낼 수 있다는 자선단체들의 광고였다.

미국의 대학에서 공부할 때 나는 가끔 교회와 라이온스 클럽(Lions Club) 같은 시민단체의 초청으로 한국전쟁에 대해 전하

52 제3부 미국이란 나라

미국에 도착해서(왼쪽부터 백선일, 홍달천, 필자. 1954년 9월 4일)

는 기회가 있었다. 서투른 영어로 한국에 대해서 말할 때마다 나는 한국에 대한 두 가지 자랑스러운 이야기로 마쳤다. 하나는 당시 세계에서 제일 큰 장로교회 중 하나로 알려졌던 영락교회에 대해서 말하곤 했다. 영락교회에서 보내 온 주보를 통하면 영락교회는 그때 이미 50개에 가까운 지 교회를 창설하고 있었다.

또 한 가지 한국의 자랑은 손양원 목사에 대한 이야기였다. 1948년 여수 순천 사건 때 손양원 목사님의 두 아들이 같은 학교 자기 반의 공산주의자 학생의 총에 맞아 죽었다. 그 후 군사재판소에서 그 학생이 사형선고를 받았는데, 손 목사님은 두 아들을 죽인 원수를 양자로 삼았다. 그 이야기를 할 때마다 많은 미국인들이 감화를 받았다. 무거운 심정으로 황폐해진 조국에 대한 이야기를 할 때마다 영락교회와 손양원 목사는 조국의 자랑이요 나의 자랑거리였다.

꿈 따라, 사랑 따라, 사명 따라

미국 대학에서

미국에서 내가 처음으로 공부하던 학교는 노스캐롤라이나(North Carolina) 주의 애쉬빌(Asheville) 시 밖에 있는 워렌 윌슨 칼리지(Warren Wilson College)였다. 유명한 관광지인 스모키 마운틴(Smokey Mountain)을 배경으로 한 대단히 아름다운 곳이었다. 지금은 4년제 대학이지만 50년 전에는 2년제 초급 대학이었다. 거기서 2년간 공부를 마치고 일리노이(Illinois) 주에 있는 블랙번 칼리지(Balckburn College)에 가서 나머지 석사 학위를 마쳤다.

이 두 대학은 각각 미국 장로교에서 설립한 67개 대학 중의

워렌 윌슨 칼리지에서 친구 홍달천과 함께(1955년)

하나이다. 둘 다 수백 명밖에 안 되는 작은 학교로서 낯선 나라 미국에 와서 공부를 시작하는 나에게는 참으로 적합한 학교였다. 신앙적이고 가족적인 분위기가 큰 도움이 되었다. 또한 두 대학은 학생들이 일하면서 공부하는 것이 특징이었다. 각 학생이 1주일에 15시간 내지 18시간씩 일하게 함으로써 경제적인 부담을 덜어주는 학교였다. 미국에는 이러한 학교들이 있기 때문에 마음만 먹으면 누구든지 대학 공부를 할 수 있다.

이 두 대학은 거의 전부 학생들의 손에 의해 운영되고 있다. 학장과 교수들과 모든 행정관 비서의 직책은 물론이며 대학 식당, 기숙사, 세탁소, 농장의 생산물까지 전부 학생들의 손으로 운영되었다. 워렌 윌슨(Warren Wilson) 대학에서 첫 해는 같이 간 홍달천 군과 함께 보일러실(Boiler Room)에서 일했다.

미국 대학에서 55

2학년 때는 기숙사 건물 하나를 깨끗이 청소하는 책임을 맡았다. 여름방학 3개월은 여러 곳에서 직장이 허락되는 대로 일하면서 학비를 벌었다. 원래 한국에서 고학의 경력이 많아서 미국에서 고학하기는 훨씬 더 쉬웠다.

미국 신학교에서

워렌 윌슨(Warren Wilson) 대학은 1년에 세 학기로 나누어진 트라이메스터(trimester) 제도였고, 블랙번(Blackburn) 대학은 1년에 두 학기로 나누어진 세메스터(semester) 제도로 되어 있었다. 그러므로 블랙번 대학에 전학할 때 워렌 윌슨 대학의 학점 중에서 약 10학점을 손해 보았다. 부족한 영어로 책을 많이 읽어야 하는 사회학 전공이라 나는 블랙번 대학에서 1958년 12월, 2년 반 만에 학사 학위를 마쳤다. 이것이 학교에서 항상 책과 씨름하던 나에게는 머리를 좀 식히며 직장 생활을 통해서 미국이란 나라를 좀더 실제적으로 공부할 수 있는 기회가 되었다. 1959년 1월부터 8월까지는 직장에서 일한 것이다.

뉴욕 주의 포트 체스터(Port Chester) 시에 있는 비치 넛 라이프 세이버 캔디(Beach Nut Life Savor Candy) 회사에서 일하다가 와이키키 컨트리 클럽(Waikeky Country Club)에서 일하면서 신학교 수속을 하였다. 처음에는 로스앤젤레스(Los Angeles)에 있는 풀러(Fuller) 신학교에 가려고 했다. 그러나 미국 동부에서 자리잡고 공부하다가 생소한 서부로 다시 옮겨 간다는 것이 쉬운 일이 아니었다. 그래서 뉴욕 시에 있는 비블리컬(Biblical) 신학교에 가려고 했다. 직장에서 멀지 않기 때문에 입학 수속 중 그 신학교를 찾아가 보았다. 모든 조건이 다 좋지만 복잡한 대도시 안에 있는 것이 마음에 들지 않았다.

이러한 때에 버지니아(Virginia) 주 리치먼드(Richmond)의 유니언(Union) 신학교에서 신학박사 과정을 공부중인 한철하 은사에게서 연락이 왔다. "이 신학교가 여러 면으로 좋으니 이곳에 와서 공부하는 것이 어떻겠느냐?" 나는 그 연락에 리치먼드 그 신학교에 직접 가 보고 결정하기로 했다. 그 무렵 구입한 중고차 1953년제 플리머스(Plymouth)로 먼 여행을 하기로 했다. 그렇게 먼 길을 혼자서 운전해 간 것은 일생에 처음 갖는 모험이었다.

아침 6시에 출발하여 밤 10시에 목적지에 도착했다. 바로 그 신학교 근처에서 햄버거를 사 먹었다. 배가 많이 고플 때 먹는 그 햄버거가 얼마나 맛있었는지! 단 하나의 햄버거로 배를 채울 수 있었다. 당시 그렇게 큰 햄버거는 뉴욕에서는 1달러는 줘야 했다. 그런데 남부 리치먼드에서는 반값밖에 안 되는 50센트였다. 이것은 돈 버느라고 애쓰던 고학생에게는 대단히 중요한 발견이었다. 뉴욕에서는 YMCA 호텔에서 살면서 비싸게 외식하던 나에게 반가운 소식이었다. 나는 살기 좋은 남쪽 버지니아(Virginia)에 와서 공부해야겠다고 결심했다.

밤늦게 도착한 나를 위해서 신학교 당국에서는 독신자 학생 기숙사 2층에 방을 하나 준비해 주었다. 얼마나 피곤했던지 다음 날 아침 10시까지 푹 잠들었다. 아침에 눈을 뜨니 방이 4월의 화려한 태양빛으로 가득 차 있었다. 창문을 통해 신학교 캠퍼스의 전경을 한눈으로 바라볼 수 있었다. 나란히 서 있는 오동나무와 참나무로 둘러싸인 쾌드랑글 정원이 그렇게도 조용하고 아름다웠다. "그렇다! 바로 이곳이다!" 나는 학교가 마음에 쏙 들었.

면회 약속시간이 되었다. 신학교 사무실을 향하여 아름다운 캠퍼스를 걸으면서 신학적으로 나에게 맞고 음식 값도 싸고 캠퍼스가 이렇게 아름다우니 이 신학교에 오는 것이 하나님의 뜻인 것 같다는 생각이 들었다. 사무실에서 입학 수속을 마치고 학장 프랭크 루이스 박사(Dr. Frank Lewis)를 만났다. 얼마나 친절히 대해 주던지! 입학에 대한 모든 조건이 합의되었다. 동년 9월에 이 신학교에 와서 나는 하나님의 많은 축복을 받았다. 그 중에서도 특별히 이 신학교에서 공부하면서 후에 나의 아내가 될 천사와 같이 친절하고 아름다운 미국 여학생을 만나게 되었던 것이다.

신학교에서 공부를 마치고 1963년에 나는 목사가 되었다. 사실 1963년은 나에게 잊을 수 없는 중요한 해였다. 5월에 신학을 마치고 6월에 결혼하고 7월에 안수 받고 목사가 된 것이다. 미국인과 결혼하고 미국 교회에서 목회하게 되었다.

제4부 잊을 수 없는 미국 유학과 목회 이야기

지금으로부터 약 10년 전에 목회를 마치고 필라델피아에 있는 아케디아 대학에서 가르칠 때 웨스트민스터 신학대학원의 짐 스테워트(Jim Stewart)라는 교수를 만나 서로 인사를 교환할 때였다. "나는 한국에서 나서 자라고 미국에서 공부하고 미국 교회와 한국인 교회를 목회했고 남미 브라질에서 선교한 사람으로 지금은 아케디아 대학에서 가르치고 있는 황마태라는 사람입니다!" 라고 내 자신을 소개했다. 그때 그는 말하기를 "나는 그렇게 찬란한 생의 배경은 없고 다만 신학교에서 가르치는 사람입니다!"라고 말했다.

얼마 후에 나의 가족 주치의(Family Doctor)인 알랜 고든 박사(Dr. Alan Gorden)는 사무실에서 나에게 지난 2년 동안 미국 밖의 외국 여행을 한 일이 있느냐고 물었다. 나는 당시 선교 여행으로 다녀온 여러 나라들의 이름을 나열했다. 한국, 중국, 일본, 브라질, 파라과이, 아르헨티나, 코스타리카 등등. 내 말이 떨어지자 그는 진실한 음성으로 말하였다. "황 목사는 자서전을 쓰지 않습니까? 자서전을 쓰면 꼭 알려주세요. 내가 한 권 사겠습니다!"

이와 같이 자서전을 쓰라고 권고하는 사람들이 가끔 있었다. 하지만 한국을 떠난 지 50여 년이 되고 컴퓨터로 영어를 타이핑하는 것처럼 한글을 빨리 타이핑하지 못하기 때문에 한글로 책을 꼭 쓰고 싶은 생각은 있었지만 실천에 옮기지 못했다.

그런데 작년에 존스 홉킨스 대학에서 일하는 나의 둘째 아들 폴이 자기가 담당한 보건대학원(Public Health) 학생들 중에서 한국계 학생들 약 10명을 자기 집에 초대하여 한국 음식을 대접할 때였다. 보건대학 석사 학위를 공부하는 학생들은 전부 한국계로 젊은 의사들이었다. 식사 후에 리빙룸(Living Room)에 앉아서 대화를 나누며 즐기는 시간이었다. 한국을 떠나 53년 동안 미국에서 살면서 얻은 나의 경험담을 말하는 때였다. 신학교에서 공부할 때 미국 여학생과의 첫 데이트에서 크게 실패한 것과 그밖의 몇 가지 나의 경험담을 이야기했을 때 그 리빙룸은 젊은 의사 남녀들의 웃음바다가 되고 말았다.

그날 밤 파티에서 돌아오면서 나는 꼭 책을 쓰기로 결심했다. 나이가 들어서 그런지 한글 타자를 연습하는 데 많은 시간이 걸렸다. 그러나 포기하지 않고 열심히 노력하여 이 책을 쓰게 되었다.

제4부 잊을 수 없는 미국 유학과 목회 이야기

꿈 따라, 사랑 따라, 사명 따라

1달러를 가지고 미국에 도착

1954년 당시 미국으로 유학을 간다는 것은 대단히 어려운 일이었다. 공부 잘하고 돈 많이 있는 사람들도 어려웠다. 그때는 미국 시민권자만이 재정 보증인이 될 수 있었기 때문이었다. 나같이 홀로 월남하여 고학하는 학생은 하늘의 별 따기였다. 그럼에도 하나님은 기적적으로 미국에 보내 주셨다.

잊을 수 없는 1954년 9월 4일 미국에 도착했다. 도착했을 때 내 호주머니에는 1달러가 남아 있었다. 이것으로 나의 미국 유학생활이 시작되었다. 그런데 하나님은 지금까지 나에게 필요한 것은 다 공급해 주셨다. 신앙을 위해서는 금식했지만 돈이 없어서 굶주린 적은 한 번도 없었다. 호주머니에서 돈이 떨어져 본 적이 한 번도 없었다. 바로 2천 년 전에 벳새다 들녘에서 오병이어로 여자와 아이들은 물론 5천 명의 남자들을 다 먹이고도 열두 광주리의 빵을 남기신 예수님은 그 축복을 20세기와 21세기의 미국에서 나에게도 이루어 주신 것이다.

꿈 따라, 사랑 따라, 사명 따라

미국에서의
첫 대통령 선거(1956년)

내가 미국에 유학 온 지 2년 즉, 1956년에 대통령 선거가 있었다. 민주당의 후보자 애들레이 스티븐슨(Adlai E. Stevenson)과 공화당의 후보자 드와이트 아이젠하워(Dwight D. Eisenhower) 장군 사이의 경쟁이었다. 이 두 사람은 이미 1952년에 대통령 선거전에서 전자가 지고 후자가 이긴 경험이 있었다. 그러므로 이 두 후보자가 두 번째 맞는 정치적 결전이었다.

정치에 관심이 깊은 나는 미국에서 처음으로 경험하는 대통령 선거라 시간을 내서 열심히 뉴스에 눈과 귀를 기울였다. 할아버지가 1893년에서 1897년까지 부통령을 지냈고 자기 자신은 현재 일리노이 주 주지사인 스티븐슨은 대단히 머리가 좋고 상당한 웅변가였다. 그러나 이번에도 다시 아이젠하워에게 지고 말았다.

미국에서 첫 번째로 경험한 이 대통령 선거는 국토가 양단되고 6·25 전쟁을 겪은 나라에서 온 젊은 대학생인 나에게 큰 감명을 주었다. 그것은 바로 아이젠하워가 다시 대통령으로 당선되었을 때 스티븐슨이 한 연설 때문이었다. 선거 본부에서 자기를 지지하던 많은 시민들이 자기의 낙선을 슬퍼할 때 그는 이렇게 말했다.

"나는 지금 아이젠하워 대통령에게 막 축전을 보냈습니다. 오늘 저녁에는 나를 포함해 우리는 다 민주당도 공화당도 아닙니다. 우리는 다 미합중국의 국민입니다. 나는 아이젠하워 대통령의 뒤에 서서 그를 돕겠습니다. 지금까지 나를 위해서 열심히 후원해 주신 사랑하는 여러분, 이제 나와 함께 그의 뒤에 서서 우리의 지도자로 그를 따릅시다!"

나는 그때 그의 연설에 크게 감명받았다. 당시 정치적으로 혼란한 나라에서 온 학생으로서 미국의 정치제도가 얼마나 훌륭한 것인가를 내 눈으로 보고 귀로 듣고 깨달았다. 미국이 대단히 부러웠다. 우리 한국도 머지않아 이와 같은 민주주의 국가가 되어야 한다는 것을 깊이 명심하였다.

제4부 잊을 수 없는 미국 유학과 목회 이야기

꿈 따라, 사랑 따라, 사명 따라

세탁소에서 일하는 대도시 시장의 아들

부잣집 외아들로 태어나 곱게 자라다가 38선으로 인해 16세 때 홀로 월남한 후 지금까지 역경 속에 고학하던 나는 대단히 중요한 것을 보았다. 1955년 미국에서의 첫 여름 방학 때 켄터키 주 루이빌 시에서 시어스 로벅 백화점의 자동차 수리부에서 일하고 있었을 때의 일이다. 그때 인디애나 주의 센터 칼리지(Center College)에 다니는 학생이 있었다. 그 학생은 바로 루이빌 시 시장의 아들이었다. 그런데도 그는 여름방학에 세탁소에서 일하고 있었다. 당시 이 도시는 미국에서 40만의 인구를 가진 도시로, 규모로는 전쟁으로 파괴된 서울 시와도 비할 수 있는 큰 도시였다. 서울 시장의 아들이 세탁소에서 일한다는 것은 상상도 할 수 없는 것이었다. 아르바이트를 하는 시장의 아들은 나에게 귀한 교훈과 큰 용기를 주었다.

고학생인 나는 방학은 물론 주말에도 여러 곳은 일을 해왔다. 보일러실과 기숙사 청소, 신학교의 도서관에서 하던 일 외에도 여름방학마다 하던 일은 여러 가지였다. 페인팅, 호텔에서 그릇 닦는 일, 종교서적 판매 등. 그런데 미국의 큰 도시 시장의 아들이 세탁소에서 일하는 것을 볼 때 미국이란 과연 살기 좋은 나라라고 느껴졌다. 직업에 귀천이 없어 누구라도 열심히 노력하면 잘살 수 있는 나라라는 것이 마음에 들었다.

1961년, 내가 신학교에 있을 때였다. 뉴스에 의하면 대통령직을 마치고 펜실베이니아 주 게티스버그 농장에서 은퇴한 아이젠하워 대통령이 자동차 면허증을 땄다. 얼마 후 속도위반으로 경찰관의 단속에 걸렸다. 그때 운전사가 전직 대통령임을 알게 된 경찰관은 경례를 부치면서 당황한 어조로 "저는 각하인 줄 몰랐습니다. 그냥 가십시오!"라고 말했다. 그런데 아이젠하워는 "나도 시민의 한 사람으로 법 아래 있으니 어서 딱지를 떼시오!"라고 말했다. 경찰관은 순종할 수밖에 없었다.

미국에서도 직업의 귀천이 전혀 없는 것은 아니다. 실제로 대통령은 특별한 대우를 받는 것은 사실이다. 전문직 종사자들도 당연히 존경받는다. 그러나 어떤 직업이든 가리지 않고 자기 직업에 대한 자부심을 갖고 있다. 사회의 밑바닥에서 일하는 사람에게도 고마운 마음을 갖고 있으며 절대로 직업 때문에 인격을 무시하지는 않는다.

꿈 따라, 사랑 따라, 사명 따라

대학 졸업 후의 첫 직장

1958년 크리스마스 때 대학을 졸업하고 뉴욕 시에서 북쪽으로 약 한 시간 거리에 있는 포트 체스터(Port Chester)의 비치 넛 라이프 세이버(Beach Nut Life Savor)라는 회사에 취직했다. 캔디를 생산하는 큰 회사였다. 나는 사무실에서 우편물을 취급하는 직책을 맡았다. 지금까지 주로 블루칼라 일을 해온 내가 처음으로 하는 편한 화이트칼라 일이었다. 숙소는 새롭게 건축된 YMCA 호텔로 정했다. 깨끗하고 편한 곳이었으나 자취를 할 수 없는 것이 흠이었다. 제한된 월급이라 외식을 하다 보면 학비를 저축할 수가 없었다.

그러므로 나는 직장을 와이키키 클럽이라는 컨트리 클럽으로 옮겼다. 월급은 적었지만 그곳에서 먹고 자기 때문에 얼마 안 되는 월급을 전부 저축할 수 있었다. 나의 책임은 3층 건물인 라커 하우스(locker house)를 깨끗이 청소하는 것이었다. 다시 육체적인 노동이었다. 내가 이곳에 갔을 때 약 50세 쯤 되는 히스패닉(중남미) 계통의 백인이 청소를 하고 있었다. 그는 내가 온 지 약 1주일 후부터 직장에 나타나지 않았다. 나는 무슨 영문인지 잘 몰랐다. 수년 후에 미국 사정을 좀 알고 보니 내가 너무나 열심히 한 까닭에 그 사람의 일이 없어진 것이었다. 나는 두 사람 몫의 일을 한 셈이었다. 그는 대단히 느리게 움직였으며 체인 스모커(chain smoker)였다. 거의 두어 시간에 한 번씩은 화장실에 가서 담배를 피우는데 일단 들어가면 20분 정도는 걸렸다. 그가 떠난 후에 새 일꾼은 채용되지 않았다. 나는 혼자서 그 3층 건물의 청소를 맡은 셈이다. 그때 나에게 시간이란 대단히 귀한 것이었다. 청소를 빨리 마치면 마칠수록 책을 더 많이 읽을 수가 있었기 때문이었다.

그래서 나는 매일 아침 일찍 일어나 5시에 시작하여 10시에는 청소를 완전히 마쳤다. 그 클럽의 책임자는 나를 대단히 좋아했다. 그때 나는 1953년도 플리머스(Plymouth) 차를 타고 다니면서 《The Book Of Life》라는 12권으로 된 기독교서적을 팔았다. 성화와 함께 성경을 재미있게 풀어 쓴 책이었다. 이왕에 귀한 하나님의 말씀을 읽을 바에는 어린 학생과 초신자들이 재미있게 읽도록 하자는 것이 이 책의 목적이었다.

나는 먼저 교회의 목사들을 방문하여 그 책을 소개하였다. 성경 읽는데 도움이 되는 책으로 인정하는 목사들은 나를 친절히 대해 주었다. 이런 목사들 중에는 나에게 추천서와 교인들의 명단까지 주는 사람도 있었다. 미국에서 집집마다 다니며 책을 판다는 것은 쉬운 일이 아니었다. 그러나 자기 목사님의 추천으로 찾아온 나를 친절히 환영해 주는 사람들이 많았다. 어떤 교인은 그 책을 살 뿐만 아니라 저녁식사까지 초청했다.

제4부 잊을 수 없는 미국 유학과 목회 이야기

꿈 따라, 사랑 따라, 사명 따라

서울 코랄과 이중 축복을 받은 필라델피아 여인

1959년 여름 방학 때였다. 그때 서울 영락교회에서 성가대를 지휘하던 박재훈 선생이 뉴저지에 있는 웨스트민스터 콰이어 칼리지(Westminster Choir College)에 와서 유학하고 있었다. 여름방학을 이용하여 미국 여러 대학에서 공부하고 있는 한국 학생 중 음악을 잘 하는 학생 16명을 모집하여 서울 합창단(Seoul Choral)을 조직하였다. 뉴욕시의 어떤 호텔에서 10일 동안 연습한 후 훌륭한 합창단이 탄생되었다. 우리는 미국의 첫 한국 합창단으로 3개월 동안 뉴욕, 펜실베이니아, 버지니아 주와 워싱턴 D.C를 순회하면서 여러 교회에서 성가와 한국 민요를 불렀다. 음악을 좋아하는 미국인들에게 당시 6·25 전쟁으로 폐허가 된 한국을 소개하는 데 중요한 문화 사절단의 역할을 한 것이다. 미국인들은 음악을 좋아해서 우리는 가는 곳마다 큰 환영을 받았다.

펜실베이니아 주의 랭커스터(Lancaster) 시 근처에 있는 어떤 메노나이트(Mennonite) 교회에 가서 공연할 때의 일을 잊을 수 없다. 음악 예배 순서는 1부에 성가, 2부에 한국 민요였다. 한국 음악은 물론 한국인도 처음으로 만나는 그들은 신기하고 감개무량한 표정으로 우리를 열정적으로 환영해 주었다. 그들은 우리 합창단의 성가와 한국 민요를 분간하지 못했다. 따라서 성가뿐만 아니라 한국 민요를 부를 때에도 열광적인 박수와 아멘으로 하나님을 찬양하였다. 예배 후에 아리랑이 찬송가가 아니고 민요라는 말을 듣고 놀라는 사람들이 많았다. 내가 미국에 50여 년 사는 동안 아리랑과 불고기를 좋아하지 않는 미국인은 한 명도 만나지 못했다.

메노나이트(Mennonite) 교회는 종교개혁 후 16세기에 스위스에서 시작된 개혁교회의 한 교파로 성경대로 살기 위해서 속세를 떠나 농부로서 순수하고 검소한 생활을 하려고 노력하는 사람들이다. 예배를 드리고 2, 3일 동안 그 교인들 집에서 지내면서 들은 이야기이다. 그 교회 교인 중 모지스 스톨츠포스(Moses Stoltsfos)라는 사람은 자기 농장에 농기구를 저장하는 창고를 99야드 길이로 지었다고 한다. 호기심으로 우리는 왜 하필이면 100야드 대신 99야드로 지었느냐고 물었다. 그는 바로 옆집 농장이 그 마을에서 제일 큰 100야드로 지었기 때문에 그의 자존심을 상하지 않기 위해서라고 대답했다. 얼마나 이웃을 사랑하며 아끼는 사람인가! 나는 그 당시 목사가 되려고 준비중이었다. 그래서 그런지 그 이야기는 귀한 은혜가 되었다.

우리는 순회를 갈 때마다 그 교회 교인들의 집에서 유숙하였다. 나는 합창단의 행정을 담당하는 총무직을 맡고 있었다. 예배를 드릴 때마다 나의 직책 중 하나는 성가대원들을 남자 둘, 여자 둘씩 나누어서 각 교인 집에 배치시키는 것이었다. 나는 성가대를 지휘하는 박재훈 선생과 함께 유숙하였다. 한번은 필라델피아의 어떤 교회 교인 집에서 유숙했는데 그 가정은 믿음이 좋은 가정이었다. 그때 그 가정의 부인에게 잊을 수 없는 간증을 들었다.

그 부인은 정기적으로 오랫동안 교회에 다니기는 했지만 구원이 무엇인지도 모르는 아주 형식적인 교인이었다고 한다. 그런데 수년 전 갑자기 암에 걸렸다는 것이다. 여러 병원에서 치료를 위해 온갖 노력을 다했지만 아무런 효과도 보지 못했고 의사들도 결국 이 여인을 포기하고 말았다고 한다. 깊은 절망 속에 빠져 있을 때 부인은 우연히 어떤 교회의 기도 모임에 참석했다. 그 후 그 부인은 열심히 그 모임에 참석하여 하나님께 매달려 기도하던 중에 완전히 치료받았다고 한다. 이 기적을 체험하면서 처음으로 살아 계신 하나님을 믿게 되었다. 병이 치료되었을 뿐 아니라 거듭남의 은혜도 받은 것이다. 그 여인은 마음속에 하나님이 주시는 참 평화를 누리게 되었다고 고백했다. 그 후 사업에도 큰 축복을 받았다고 하였다. 그녀의 간증을 듣던 나는 호기심으로 어떻게 사업에도 큰 축복을 받았는지 물어 보았다. 그녀의 대답이었다.

"제 직업은 부동산 매매업(Real Estate Agent)입니다. 전에는 손님을 대할 때마다 어떻게 하면 집을 하나라도 더 많이 팔 수 있을까 생각하느라 마음이 초조해져서 오히려 집을 잘 팔지 못했답니다. 그러나 제가 신앙을 가진 후에 생각이 바뀌었지요. 이 손님이 하나님의 사랑, 즉 예수님이 값 없이 주시는 구원의 복음을 알고 있을까, 어떻게 하면 주님의 복음을 전할 수 있을까? 하는 것에 먼저 관심을 가졌어요. 둘째로는 어떻게 하면 이 손님에게 가장 적합하고 좋은 집을 살 수 있도록 도울 수 있을까? 생각했지요. 세 번째에 가서야 돈 버는 것을 생각하게 되었어요. 그랬더니 초조하던 마음이 변하여 손님에 대한 봉사심으로 가득 차고 마음이 평안해지더군요. 그러다 보니 집이 더 잘 팔리고 또한 전보다 더 많은 손님이 찾아왔어요. 지금은 병도 나았고 은혜로운 신앙생활을 잘하고 있을 뿐만 아니라 사업에도 아주 큰 축복을 받고 있습니다."

모든 일에는 비결이 있는데 어찌 성공하는 일에 그 비결이 없을 수 있겠는가? 이 필라델피아의 여인은 성공의 비결을 발견한 것이다. 그 비결은 사업에서 우선순위를 바르게 두는 데 있었다.

"너희는 먼저 그의 나라와 그의 의를 구하라 그리하면 이 모든 것을 너희에게 더하시리라"(마 6:33)고 하신 예수님의 말씀이 기억났다. 그것은 주님께서 바로 이 성공의 비결을 가르쳐 주시기 위한 말씀이었다. 즉, 첫 단추를 잘못 끼우면 마지막 단추는 낄 자리가 없듯이 실패와 혼란은 뒤바뀐 것에 그 원인이 있는 것이다.

꿈 따라, 사랑 따라, 사명 따라

하나님과 씨름한 여름방학

워렌 윌슨 대학에서 첫 일 년을 마치고 1955년 여름방학 3개월은 나의 보증인이 사는 켄터키 주의 루이빌 시에서 지냈다. 같은 비행기로 미국에 유학 온 친구 홍달천과 백선일과 함께 나의 재정 보증인 메리 케이트 헤건 여사(Mrs. Mary Kate Hegan)의 집에서 지냈다. 센터 칼리지(Center College)란 대학에서 공부하는 백선일은 건강문제로 집에서 휴양을 하고 달천과 나는 루이빌 시의 시어스 로벅 백화점에 취직이 되어 자동차 수리를 하고 있었다.

백선일은 한국의 6·25 전쟁 때에도 서울대학교 수의과대학에서 계속 공부를 하였다. 그러므로 미국에 와서 대학 4학년으로 진학하였다. 그러나 3년 동안 학교에 다니며 공부해서 학점은 많으나 혼란한 전쟁 중이라 제대로 공부를 하지는 못했다. 미국에서 4학년 대신 2학년에 진학했더라면 좋을 뻔했다. 재능이 특출한 선일이는 자기 분야에서 반드시 크게 성공할 수 있는 잠재력이 있는 사람이었다. 그러나 아쉽게도 너무 무리하게 공부하며 지쳐서 그만 정신적으로 병에 걸리고 말았다. 결국 미국에서 공부를 마치지 못하고 귀국하여 고통을 겪다 젊은 몸으로 별세하고 말았다.

나는 교육을 대단히 중요하게 생각하며 또 나 자신이 일평생 공부한 사람이다. 그러나 교육보다도 더 중요한 것이 있다. 그것은 생명이다. 사람이 교육을 위해서 있는 것이 아니라 교육이 사람을 위해서 있어야 하는 것이다. 귀한 친구 백선일은 미국에 아예 유학하지 아니했던들, 또한 미국에 와서도 너무 무리하게 공부하지 아니하였던들 크게 성공할 수 있는 아까운 사람이었다.

달천이와 나는 시어스(Sears) 백화점의 자동차부에서 주로 자동차의 좌석을 새롭게 덮는 일을 하였다. 하루 종일 그 일을 하고 나면 손은 발바닥처럼 멍이 들었다. 이러한 일을 매일 3개월간 되풀이하였다. 나는 육신적인 일을 하면서도 깊은 영적인 배고픔이 있었다. 시간 나는 대로 성경책을 붙들고 기도로 시간을 보냈다. 그리고 정기적인 금식으로 그야말로 야곱의 얍복 강의 기도와도 비할 수 있는 영적인 씨름을 했다. 앞으로 신학교에 가기 위한 준비였던 것이다.

여러 가지 질문 중에 나의 제일 큰 질문은 요한복음 14장 6절에 대한 것이었다. 예수님은 '내가 곧 길이요 진리요 생명이니 나로 말미암지 않고는 아버지께로 올 자가 없느니라'고 선언하셨다. 만일 이것이 사실이라면 예수님을 믿지 않는 사람은 하늘나라에 갈 수 없고 다 지옥에 간다는 뜻이 아닌가? 그렇다면 수많은 훌륭한 사람들은 어떻게 되는 것인가? 즉 공자와 맹자, 소크라테스와 석가모니 같은 사람들은 어떻게 되는 것인가?

하나님은 "구하라 그러면 너희에게 주실 것이요 찾으라 그러면 찾을 것이요 문을 두드리라 그러면 너희에게 열릴 것이니 구하는 이마다 얻을 것이요 찾는 이가 찾을 것이요 두드리는 이에게 열릴 것이니라"(마 7:7-8)고 약속하셨다. 말씀을 부여잡고 나는 하나님께 매달렸다. 이 놀랍고 어마어마한 발언을 한 예수는 참으로 하나님의 아들이냐, 아니면 세계에서 제일 큰 거짓말쟁이냐? 둘 중의 하나일 것이다. 만일 예수님이 진짜 하나님의 아들이고 온 인류의 유일한 구세주라면 나는 나를 전부 하나님께 바치겠다고 약속하고 기도했다. 내 생명을 내놓고 하나님께 기도의 응답을 강요했다.

나는 그때 너무나 순진했다. 지금 생각하니 내가 어떻게 그런 엄청난 기도를 할 수가 있었던가 스스로 놀랄 정도였다. 이와 같은 영적 배고픔과 담대함은 하나님께서 허락하신 성령의 역사였다. 그 여름 8월 말에 여름방학을 마치고 대학으로 돌아가기 3일 전에 하나님은 나의 기도에 응답하셨다. 요한복음 14장 6절에서 "내가 곧 길이요 진리요 생명이니 나로 말미암지 않고는 아버지께로 올 자가 없느니라"고 말씀하신 예수님은 하나님의 아들이며 인류의 유일한 구세주이심을 분명히 보여주셨다.

　나는 너무나 감사하고 너무나 기뻐서 눈물을 흘리며 나 자신 전부를 주님께 바쳤다. 이때 나는 글자 그대로 성령의 충만함을 받았다. 말로 표현할 수 없는 깊은 평화와 기쁨으로 가득 차서 나는 워렌 윌슨 대학으로 돌아갔다.

꿈 따라, 사랑 따라, 사명 따라

미국 대학에서 만난 아름다운 한국 여학생

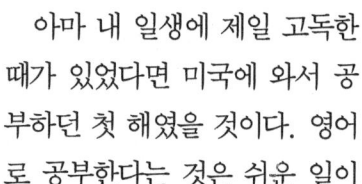

아마 내 일생에 제일 고독한 때가 있었다면 미국에 와서 공부하던 첫 해였을 것이다. 영어로 공부한다는 것은 쉬운 일이 아니었다. 특히 수학이나 이공과가 아니고 문과를 공부한다는 것은 대단히 힘들었다. 책을 많이 읽어야 하기 때문에 항상 바쁜 생활이었다. 그럼에도 그 해처럼 한국의 친구들에게 열심히 편지를 쓴 때는 없었다.

내가 다니던 워렌 윌슨 대학은 당시 학생이 수백 명밖에 안 되는 작은 2년제 학교였다. 그중 약 20%는 세계 여러 나라에서 온 외국 학생들이었다. 그리고 한국에서 온 세 명의 여학생과 몇 명의 남학생도 포함되어 있었다. 그중의 한 사람이 최희선(가명)이라는 여학생이었다. 작은 학교라 우리는 매일같이 만났다. 같은 과목을 택할 때는 더욱 자주 만나게 되었다.

최희선 양은 공부도 잘하고 현명한 학생이었다. 눈이 맑고 얼굴이 희고 고상한 웃음을 짓는 아름다운 여자였다. 나는 처음 만나는 순간부터 그녀에게서 매력을 느꼈다. 시간이 갈수록 이 여학생은 나의 마음에 중요한 자리를 차지했다. 북한에서 월남하고 부모님을 기다리면서 1년을 허비하고 6·25 전쟁으로 4년을 허비했으므로 내가 미국에서 공부를 시작한 때는 벌써 스물네 살이나 되었다. 최희선 양은 한국에서 고등학교를 마치면서 미국에 왔으니까 나보다 4, 5년 아래였다.

이 여학생은 나에게 사랑의 힘이 얼마나 큰가를 깨우쳐 주었다. 하나님께서 주신 많은 것 가운데 사랑이 제일 큰 선물이라는 것을 나에게 가르쳐 준 사람이었다. 3개월 동안 방학으로 헤어졌다가 만나니 그전보다도 훨씬 더 아름답게 보였다.

그런데 나에게 큰 고민이 생겼다. 하나님이 이 여자를 포기하라고 말씀하신 것이다. 왜 이렇게 아름다운 사람을 포기하라는 것일까? 기도하면 할수록 하나님은 나에게 더 분명히 말씀하셨다. "그 여자는 너와 일생을 함께할 사람이 아니다. 너는 나를 위해서 약속한 대로 언제 어디라도 복음을 위해서 가야 할 사람이다." 이것은 나에게 큰 고민이 아닐 수 없었다.

우리는 아직 사랑을 고백한 일도 없고 손 한번 잡아 본 일도 없었다. 그러나 서로 만날 때마다 한없이 기뻤다. 하나님은 나를 귀하게 쓰시기 전에 시험하신 것 같았다. 하나님에 대한 충성을 테스트하는 것이었다. 후에 알게 된 일이지만 세계적인 부흥사 빌리 그레이엄, 오럴 로버츠, 베니 힌 같은 사람들도 젊었을 때 나와 꼭 같은 시험을 받았다고 한다. 그리고 하나님께 순종하여 시험을 통과한 사람들이었다. 그래서 하나님이 그 사람들을 크게 들어 쓰심으로 오늘날 우리가 아는 훌륭한 복음의 사도들이 된 것이다.

그런데 나는 아깝게도 이 테스트에 성공하지 못했다. 참다운 순종이란 말씀이 떨어지면 즉시 따르는 것이다. 군소리가 필요 없다. 나는 하나님과 오랫동안 논의를 했다. 전능하신 하나님이 희선을 나와 함께 복음을 위해 바칠 수 있는 사람으로 만들어 달라고 간구했다. 그러나 나는 끝까지 하나님의 마음을 변화시키지 못했다. "예!" 하고 즉시 순종하지 못한 나는 일생토록 후회했다. 하나님을 크게 실망시켰기 때문이다. 뿐만 아니라 나는 희선에게도 실망을 주었다. 우리가 서로 만났을 때 가졌던 순수한 기쁨은 날이 갈수록 점점 사라지고 말았다. 신앙적인 고민으로 가득 찬 나의 마음은 몹시 우울해졌다. 하지만 무거운 마음을 그녀에게 설명할 수 없었다. 남녀 관계에 성숙하지 못했기 때문이다.

2년 후 대학을 마치고 우리는 각각 다른 대학으로 진학했다. 헤어질 때 나는 대단히 슬펐다. 나는 그녀에게 기쁨 대신 말할 수 없는 슬픔과 상처를 주었다. 뿐만 아니라 복음을 위해서 부족한 나를 선택하시려는 하나님께 큰 실망을 드렸다. 후에 하나님께 회개했지만 쉽지 않았다. 나는 많은 눈물의 시간을 보냈다. 자비로우신 하나님은 약속의 말씀에 따라 나를 오래전에 용서해 주셨다.

그러나 즉시 순종하지 못한 나 자신을 오랫동안 용서할 수 없었다. 따라서 신앙생활에 적지 않은 지장을 가져왔다. 수십 년 후에야 깨달았지만 하나님은 나를 용서하실 뿐만 아니라 너무나도 아름답고 훌륭한 믿음의 아내를 주셨다. 목사의 사모로, 선교사의 아내로 참으로 흠잡을 데 없는 아내를 주심으로 하나님의 절대적인 사랑을 확증하여 주셨다.

여기서 나는 한 가지 귀한 진리를 깨달았다. 사람은 불완전한 존재라서 누구나 하나님을 실망시킬 수 있다. 자주 실망을 하게 되시는 하나님은 우리가 진실로 회개하면 예수님의 십자가로 우리를 다 용서해 주신다. 다윗 왕이 지은 큰 죄도 진실로 회개했을 때 용서해 주셨다. 다윗 왕은 그 용서를 받아들였고 주님을 위해서 큰 일을 할 수 있었다. 죄를 짓고 철저히 회개하는 것도 중요하지만 하나님의 용서를 주저하지 않고 선뜻 받아들이는 것도 대단히 중요한 믿음인 것이다.

사도 바울은 "오직 한 일 즉 뒤에 있는 것은 잊어버리고 앞에 있는 것을 잡으려고……위에서 부르신 부름의 상을 위하여 좇아가노라"(빌 3:13-14)고 말했다. 또한 이사야도 이렇게 말했다. "너희는 이전 일을 기억하지 말며 옛적 일을 생각하지 말라. 보라 내가 새 일을 행하리니 이제 나타낼 것이라. 너희가 그것을 알지 못하겠느냐. 정녕히 내가 광야에 길과 사막에 강을 내리니……나의 택한 자로 마시게 할 것임이라. 이 백성은 내가 나를 위하여 지었나니 나의 찬양을 부르게 하려 함이니라"(사 43:18-21).

실패한 미국 여학생과의 첫 데이트

일찍 집을 떠나 단신으로 월남하고 고학하며 먹고살기에 급급하던 나는 천진난만한 소년기를 빼앗기고 말았다. 순진하게 웃으면서 놀아본 기억이 없었다. 항상 조용하고 심각한 성격의 사람이 되어 버렸다. 따라서 여자와 데이트한 기억조차 없다. 미국에 온 후에도 서투른 영어로 공부하느라고 데이트를 할 만한 마음의 여유가 없었다. 그런데 대학을 마치고 신학교에 가면서 영어도 좀 늘고 미국 생활에도 어느 정도 적응되면서 데이트를 시작했다.

그 당시 내가 다니던 신학교 맞은편에는 여학생들이 많이 다니는 장로교 기독교 대학원(Presbyterian School of Christian Education)이 있었다. 이 신학교는 후에 그 대학원과 정식으로 통합되어 지금은 같은 학교가 되었다. 내가 그곳에서 공부하던 때에도 두 학교 학생들이 도서관을 함께 사용하고 있었다. 하루는 도서관에서 공부하다가 수(Sue)라는 여학생에게 데이트를 청했다. 눈이 파란 금발의 아름다운 백인 여학생이었다. 처음으로 나는 있는 용기를 다 내서 데이트를 청했는데 다행히 그녀가 승낙하였다. 마치 데이트를 처음 하는 고등학교 학생처럼 나는 무척 기뻤다.

약속한 금요일에 저녁 식사를 일찍 마치고 몸을 단장하고 제일 좋은 넥타이를 매면서 30분 전에 기숙사에 있는 그녀에게 전화를 했다. 전화를 받은 학생에게 "수를 바꿔 줄 수 있습니까?" 하자 그녀는 친절하게 "그럼요, 잠깐만 기다리세요" 하더니 곧 수가 전화를 받았다. "안녕하세요? 7시에 그곳 기숙사 정문에서 만나뵙겠습니다." "그래요! 그럼 기다리겠습니다." 나는 53년형 플리머스 차를 운전하여 여학생 기숙사인 와츠홀(Watts Hall)을 향해서 떠났다.

정문에 도착하자마자 나는 무엇인가 잘못된 것을 알았다. 잘못되어도 한참 잘못된 것이었다. 나를 기다리고 있는 그 여자는 데이트를 약속한 수보다도 키가 더 컸다. 전혀 다른 여학생이었던 것이다. 그러나 수처럼 그 여학생도 파란 눈에 금발을 가진, 수 못지않게 아름다운 사람이었다. 캠퍼스에서 가끔 마주쳐서 얼굴은 알았지만 이름은 몰랐다.

당황했으면서도 나는 애써 침착하려고 노력했다. 인사를 나누면서 그의 이름도 수라는 것을 알게 되었다. 마치 한국에서 수자, 옥자, 은희 등이 흔한 것처럼 미국에서도 메리, 루스, 사라 등 흔히 많은 여자 이름 중의 하나였던 것이다. 나는 데이트 상대자의 첫 이름만 알았기 때문에 실수를 했던 것이다. 이 실수를 고백하느냐 그렇지 않으면 새로운 수와 데이트를 하느냐 빨리 결정을 내려야 했다. 그런데 이 여학생이 나를 마치 옛 친구처럼 자연스럽고 친절하게 대하는 바람에 데이트를 시작하게 되었다.

차 안에서 그녀를 통해서 그날 밤에 마침 유명한 버지니아 스테이트 페어스(Virginia State Fairs) 박람회가 있다는 것을 알게 되었다. 우리는 거기에 가기로 결정했다. 그곳에 가서 최신형 농업 중장기를 비롯하여 많은 농산물이 진열된 전람회를 구경하면서 즐기다가 밤늦게 데이트를 마쳤다. 그녀 학교의 교칙에 따라 밤 12시 전에 기숙사로 돌려보내고 나의 기숙사로 돌아왔다. 나는 와츠 홀이라는 신학교 기숙사의 3층 독방에서 살고 있었다. 침대에 누웠으나 한참동안 깊은 생각에 잠겨 잠을 청하지 못했다. 큰 수와 작은 수가 서로 만났을 때 어떠한 표정을 할까? 큰 수는 나에 대해서 어떻게 말할까? 작은 수는 나에 대해서 어떻게 생각하고 있었을까?

비록 이름 때문에 실수는 했지만 아주 좋은 데이트였다. 작은 수한테는 미안하게 되었지만 큰 수와의 데이트는 성공적이었다. 큰 수는 얼굴이 아름다울 뿐만 아니라 마음이 서글서글하고 믿음이 좋고 대단히 지성적인 여자였다. 미국인과 처음으로 데이트한 나에게 데이트란 참으로 좋고 귀중한 것이라는 사실을 가르쳐 주었다. 또 한 가지 중요한 교훈이 있었다. 데이트를 할 때는 상대방의 이름뿐만 아니라 반드시 성도 알아야 한다는 것이었다.

나는 한국 여자와 미국 여자와의 데이트를 이렇게 비교하게 되었다. 유교 문화권인 한국에서는 데이트가 마치 무슨 죄라도 짓는 것처럼 주위 사람들의 눈을 피하고자 하는 죄책감이 있었다. 물론 이것은 변화된 현대 한국을 말하는 것이 아니고 50년 전 세대의 경험을 말하는 것이다. 반세기 전 미국에서의 데이트는 그런 구속에서 해방된 데이트였다. 또한 한국 여자와 데이트할 때는 매우 조심스러웠다. 돈이 없어도 돈이 없다는 것을 나타내지 않으려고 일부러 비싼 음식점에서 만나려고 애써야 했다. 그리고 좋은 것과 나쁜 것, 혹은 기쁜 것과 슬픈 것, 그런 느낌을 솔직히 나타내지 못했다.

그러나 미국 여학생과 데이트할 때는 돈이 없어도 부끄러운 느낌 없이 편한 마음으로 값싼 햄버거를 함께 먹을 수 있었다. 내가 가난한 한국이라는 나라에서 왔지만 아무 거리낌 없이 나를 대해 주었다. 가정 배경이나 경제적 조건 같은 것은 데이트에 아무 상관이 없었다. 그들의 관심은 오직 내가 어떤 사람(인격)이냐에 있었다. 물론 그때는 한국 여학생이 별로 없을 때였다. 나는 시간이 허락하는 대로 미국 여학생들과 아무 스트레스 없이 편안한 마음으로 데이트를 즐겼다.

꿈 따라, 사랑 따라, 사명 따라

데이트에 성공하는 비결

 자식 결혼까지 부모들이 맡아서 도와주는 한국과는 달리 미국에서 결혼은 주로 본인들이 알아서 한다. 따라서 데이트란 장래의 배우자를 얻기 위한 대단히 중요한 과정이다.
 모든 창조물 중에 사람을 최고의 걸작으로 창조하신 하나님은 각 사람에게 가장 잘 맞는 배우자를 이미 준비하고 계신다고 나는 믿는다. 그런데 중요한 것은 바른 배우자를 어떻게 만날 수 있는가, 즉 어떻게 하면 성공적인 데이트를 할 수 있는가 하는 것이다. 이에 대해 나의 경험을 통해 몇 가지 이야기할까 한다.

1) 뚜렷한 목적이 있어야 한다

왜 데이트를 하는가? 데이트에는 분명한 목적이 있어야 한다. 데이트는 근본적으로 일생을 같이할 동반자를 만나기 위한 귀한 방법의 하나이다. 그렇다면 자기 자신의 생의 목적이 뚜렷하게 있어야 한다. 상대가 아무리 훌륭한 사람이라 할지라도 여행의 목적지가 각자 다르면 같이 가서는 안 되는 것과 마찬가지로 인생의 목적이 같아야 하는 것이다. 실례를 들자면 나는 서울에서 미국에 가는데 상대방은 서울에서 중국에 간다면 이 두 사람은 함께 여행을 해서는 안 되는 것이다. 목사가 되어 선교지로 갈 사람이 믿지도 않는 사람과 데이트하는 것은 시간 낭비일 뿐이다.

2) 지식과 경험이 필요하다

세상의 모든 귀중한 것은 준비가 필요하다. 올림픽 선수가 금메달을 획득할 때까지는 상당한 준비와 훈련이 필요하다. 자동차 운전 면허증을 하나 받는 데도 필요한 공부와 훈련이 있다. 데이트하기 전에 육체적, 지적, 영적으로 성숙한 사람이 되어야 한다. 결혼에 대한 좋은 책을 읽고 세미나에 참석하며 여러 미디어를 통해 공부해야 한다. 좋은 친구와 사귀며 선배들의 지도를 받아야 하는 것이다. 그리고 시간과 환경이 허락하는 대로 실제로 데이트를 하면서 경험을 갖는 것이 좋다.

3) 그룹 데이트(Group Dating)의 중요성

두 사람 사이의 데이트를 시작하기 전에 그룹 데이트를 하는 것이 좋다. 두세 쌍의 친구들이 함께 모여서 서로 즐겨야 한다. 둘이 하는 데이트는 나이도 들고 인격적으로 성숙한 후에 하는 것이 이상적이다. 부모로서 자식의 친구 중 좋은 배우자로 생각되는 사람이 있으면 초청하여 식사를 대접하며 집에서 친교를 즐기도록 하는 것이 매우 중요하다.

4) 투명성 있는 데이트

두 사람이 만났을 때 적절한 시기에 부모님과 목사님에게 자연스럽게 인사도 드리고 필요에 따라 조언과 상담을 받으면 건전한 데이트가 될 수 있다. 가능하면 부모님과 목사님의 축복을 받는 약혼과 결혼이 하나님의 더 큰 축복을 받는다.

5) 데이트는 좋은 것이다

이성이란 부정적인 것이 아니라 하나님의 창조에서도 대단히 아름답고 좋은 것 중 하나이다. 하나님은 "하나님이 그 지으신 모든 것을 보시니 보시기에 심히 좋았더라"(창 1:31)고 말씀하셨다. 하나님은 사람을 만드실 때 남자만 혹은 여자만 만들지 않고 남자와 여자를 만드셔서 서로 데이트하고 결혼하도록 만드신 것이다. 그러나 아무리 좋은 것도 어떻게 쓰느냐가 중요하다. 실례로 돈이 아무리 좋아도 선하게 쓸 수도 있고 악하게 쓸 수도 있다는 것이다.

6) 상대자에 대한 선택의 자유가 있다

데이트를 한다고 해서 덮어 놓고 다 배우자는 아니다. 따라서 데이트 중에 서로 선택의 자유를 존중해야 한다. 상대방을 지나치게 통제하지 말고 예의를 지키면서 자연스럽게 만나는 것이 성공적인 이성교제이다. 바른 배필이 아니라는 것을 깨달았을 때는 존경하는 친구로 헤어지는 것이 중요하다.

7) 바른 배우자가 되는 것이 중요하다

어떻게 바른 배우자를 만나느냐는 질문은 대단히 중요한 과제이다. 그러나 먼저 내가 어떻게 바른 배우자가 되느냐 하는 것이 더 중요하다. 우리는 하나님의 도움이 필요하다. 기도해야만 한다. 사람은 세 가지 자아가 있다. 내가 보는 자아, 남이 보는 자아, 그리고 하나님이 보는 자아가 그것이다. 첫째 자아와 둘째 자아는 참자아가 아니다. 셋째 자아, 즉 하나님이 보시는 자아가 참자아이다. 바른 배우자가 되려면 하나님이 나를 어떻게 보시느냐를 먼저 이해할 수 있어야 한다.

8) 어떻게 사랑을 고백(Propose)하는가?

두 사람이 진정으로 존경하고 사랑할 때 언제 어떻게 고백하느냐가 대단히 중요하다. 대개 남자가 먼저 고백하는 것을 볼 수 있다. 이러한 것은 인생에서 대단히 소중한 시간이다. 일반적으로 남자는 너무나 심각하여 이 귀한 시간에 고백하는 것을 두려워한다. 서로 진정으로 사랑할 때 여자도 떨리는 마음으로 고백을 기다린다. 이럴 때에 가장 필요한 것이 높은 자아상(high self-esteem)이다.

9) 어떻게 높은 자아상을 얻을 수 있는가?

한 마디로 말한다면 내가 주 예수 그리스도를 통해 하나님을 만날 때 하나님이 나를 얼마나 사랑하시고 보배롭게 여기시는지 알게 된다. 그럼으로써 자아 존중감을 가질 수 있다.

10) 마지막으로 제일 중요한 것은 순종이다

하나님이 우리 각자에게 주신 귀한 생의 목적이 있다. 하나님의 훌륭한 창조물 중에서 최고의 작품인 사람에게 하나님의 영광을 위한 생의 목적을 주신 것이다. 데이트하는 두 사람이 이를 알고 성취하기 위해서 서로 사랑하고 장려한다면 데이트뿐만 아니라 성공적인 결혼 생활이 될 수 있다.

제4부 잊을 수 없는 미국 유학과 목회 이야기

꿈 따라, 사랑 따라, 사명 따라

신학교에서 만난
아름다운 미국 여학생

내가 다니던 신학교는 남침례교 교회가 많이 있는 버지니아 주의 리치먼드 시에 있었다. 매년 신학기가 시작되는 9월 초에는 여러 교회의 부인 전도회 주최로 외국 학생들을 초청하여 환영 파티를 열었다. 나는 새로 온 한국 여학생을 만나기 위해 그 파티에 참석했다. 그러나 한국인 여학생 대신 미국인 여학생을 만났다. 그녀는 나와 3년 동안 교제하다가 결국 일생을 같이 하는 아내가 되었다.

파티가 열린 것은 어느 토요일 저녁이었다. 우리를 위한 차가 오후 5시에 오기로 되어 있었다. 나는 며칠동안 시달리던 감기에서 회복은 되었지만 아직도 몸이 좀 피곤하여 파티에 가느냐 마느냐 망설이고 있었다. 마지막 순간에 가기로 작정하면서 나 자신에게 이렇게 말했다. "만일 한국에서 새로운 여학생이 한 명 왔다고 하자. 이번에 만나지 못하면 공부에 바빠 1년 동안 보지도 못할 텐데……."

당시 미국에서 공부하는 한국 여학생들이 얼마 되지 않아 상대가 없기 때문에 결혼은 대개 한국에 있는 부모들의 추천으로 이루어지는 경우가 많았다. 부모님이 안 계시는 나는 내 밥을 스스로 찾아 먹어야 하는 실정이었다.

우리는 어떤 교인의 큰 집에 도착하였다. 연합 여전도회 회장의 간단한 환영 인사 뒤에 뷔페식으로 준비된 식사가 시작되었다. 줄을 서서 음식을 받으며 자유롭게 서로 교제를 나누었다. 이렇게 진행되는 동안 많은 사람 가운데 한국에서 새로 온 여학생이 있는가 열심히 둘러보았지만 한 사람도 보이지 않았다. 실망할 수밖에 없었다.

그런데 주최측인 남침례교회의 대학생회에서 외국 학생수와 비슷한 숫자의 미국 여학생들을 보내왔다. 그때는 지금처럼 외국 학생이 많지 않은 때였다. 당시 미국인, 특히 교회에서는 민간 외교라고 할까 외국에서 온 학생들을 정성껏 대해 주었다. 내 앞줄에는 버지니아 주립 의과대학의 간호학교 학생들이 몇 명 있었다. 그 중의 한 사람인 딕시 래스트(Dixie Rast)라는 여학생을 만나 식사를 했다. 푸른 눈과 금발의 백인 여학생이었다. 대화 중에 깊은 신앙의 소유자라는 것을 곧 알 수 있었다. 그녀는 얼굴이 아름다울 뿐만 아니라 눈이 대단히 맑고 믿음직한 인상이었다. 후에 더 자세히 알았지만 대단히 헌신적인 침례교 가정에서 자란 사람이었다. 2남 3녀 중 둘째로 세 딸 중에서는 제일 큰딸이었다. 다섯 남매 중 세 사람은 후에 목사가 되었거나 혹은 목사와 결혼하였다. 나머지 두 사람도 교회에서 열심히 봉사하는 믿음의 가정을 꾸렸다.

파티를 마치고 헤어질 때 나는 그녀에게 데이트를 신청했다. 그는 쾌히 승낙했다. 사람은 실수와 잘못을 통해서 귀한 교훈을 얻을 수 있는데 나는 두 명의 수를 통해 귀한 교훈을 얻었다. 그래서 그녀의 전화번호와 함께 이름 전체를 간직할 수 있었다.

우리는 3년 동안 교제하다가 결혼했다. 그녀의 아버지는 영국계, 어머니는 독일계 사람들인데 버지니아의 농장에서 젖소를 키우는 농부였다. 우리 두 사람이 친구로서 교제를 넘어 결혼 단계에 들어갈 때 그 부모들은 적극적으로 반대하기 시작했다. 내가 장차 목사가 되기 위한 신학생이라는 것은 좋아했다. 그러나 나는 그녀의 부모가 일생에 처음으로 만난 동양인이었다. 따라서 이런 낯선 사람과 딸을 결혼시킨다는 것은 생각할 수 없었다.

반대는 했지만 서양 사람들이라 독재적인 반대는 아니었다. 어디까지나 딸의 최후 결정권은 인정하면서 설득하며 반대하는 것이었다. 그분들은 아직 3년 남은 대학을 마칠 때까지는 결혼할 수가 없다고 하셨다. 딕시는 부모님의 말씀을 존경하여 그대로 받아들였다. 나도 신학 공부를 마칠 때까지는 결혼할 생각이 없었다. 나는 가끔 농담 삼아 딕시에게 "미국에서는 결혼을 어떻게 하는지 나에게 보여 달라"고 말했다. 그녀는 쉽게 대답했지만 그것을 실천하는 데는 3년이나 걸렸다. 우리는 3년 동안 대단히 소중한 교제의 시간을 가질 수 있었다. 주일 아침예배는 내가 다니던 제이 장로교회에서, 주일 저녁예배는 딕시가 다니는 파인 스트리트(Pine Street) 침례교회에서 드렸다. 우리는 약속대로 딕시가 대학을 졸업할 때까지 기다렸다가 졸업한 다음날 결혼식을 올렸다.

꿈 따라, 사 랑 따 라, 사 명 따 라

조지 버트릭 박사 (Dr. George Buttrick)의 멋있는 결혼 상담

1963년에 나는 신학교 졸업반이었고 딕시는 버지니아 주 주립 의과대학 간호학교 졸업반이었다. 학교를 마치는 대로 우리는 결혼할 생각을 하고 있었다. 그때는 미국 여자와 결혼한 한국인을 한 번도 본 일이 없었다. 그때 조지 버트릭 박사를 만나 결혼 상담을 받았다. 그분은 하버드 대학에서 26년 동안 교목으로 있으면서 책도 많이 썼고, 미국뿐만 아니라 세계적으로 잘 알려진 사람이었다. 대학에서 은퇴한 후 내가 다니던 버지니아 주 리치먼드 시의 유니언 신학교에서 방문 교수로 계셨는데, 학생들에게 대단히 인기가 있었다. 졸업과 결혼을 앞두고 우리는 이분을 찾아가서 결혼 상담을 받았다. 우리에 대해 소개한 후 딕시는 이와 같이 질문했다.

"우리는 지난 2년 동안 교제했고 앞으로 학교를 마치는 대로 결혼할 생각입니다. 그런데 우리 부모님은 결혼을 반대합니다. 그리고 문규는 앞으로 목사가 될 사람입니다. 그가 미국 여자와 결혼하는 것이 복음을 전하는 데 도움이 될지 방해가 될지 알 수 없습니다. 박사님은 어떻게 생각하십니까?"

이에 대한 박사의 대답은 짧고 간단하면서도 분명하였다. "딕시, 너는 이 남자를 사랑하느냐?" "예"라고 서슴지 않고 대답한 그녀에게 그는 이렇게 말씀하셨다. "그와 결혼해도 좋다! 너는 문규와 결혼할 권리가 있다. 너는 또한 행복할 권리가 있고 실패할 권리도 있다." 그 말을 하면서 자신의 사정을 말씀해 주셨다. 자기에게는 아들이 하나 있는데 2, 3년 전에 결혼했다고 한다. 그런데 결혼할 때 그들이 꼭 6개월 안에 실패할 것을 알았다고 한다. 그러면서도 결혼을 반대하지 않았다. 왜냐하면 그들에게 실패할 권리가 있기 때문이었다. 그들은 6개월이 아니라 3개월 만에 이혼했다.

"그들에게 실패할 권리가 있다"고 말한 버트릭 박사의 말이 44년 후인 오늘날도 나의 귀에 쟁쟁하다. 미국에 온 지 8년째 되는 해였다. 나는 문화적으로 아직도 한국 사람이었다. 미국 독립전쟁 때의 애국자 패트릭 헨리(Patrick Henry)가 선언한 유명한 말 "나에게 자유를 달라. 아니면 죽음을 달라(Give me liberty or death)!"고 한 말이 기억에 있었다. 나는 이 말이 머리로는 이해되었지만 마음으로는 완전히 이해되지 못했다는 것을 깨달았다. 미국인들에게 하나님을 빼놓고 제일 중요한 것이 있다면 그것은 바로 자유가 아닐까 생각된다.

그의 결혼관은 나에게 충격이었다. 그는 신학자로서, 또한 목회자로서 결혼에 대한 마음의 문이 활짝 열려 있었다. 그는 내게 신학적으로 깊이 생각하게 하였다. 창세기 3장을 보면 에덴동산에서 하나님은 아담과 하와에게 "선악과를 따먹지 말라!"고 말씀하셨다. 하나님은 사람을 창조하실 때 선악과를 따먹지 못하도록 만드실 수 있었다. 로봇과 같은 인간을 만드실 수 있었다. 장난감 군인처럼 시키는 대로 가고 올 수 있도록 만드실 수 있었다. 그러나 그렇게 하지 않고 하나님은 사람에게 순종도 하고 불순종도 할 수 있는 선택의 자유를 주셨다. 얼마나 훌륭하면서도 또한 두려운 사실인가? 이 귀한 선택의 자유에는 무서운 결과가 따르기 때문이다. 그래서 패트릭 헨리는 자유를 줄 수 없으면 차라리 죽음을 달라고 외친 것이다. 나는 이 상담을 통해 자유가 얼마나 소중한 것인가를 새삼스럽게 깨달았다.

버지니아 주 대신 메릴랜드 주에서 올린 결혼식

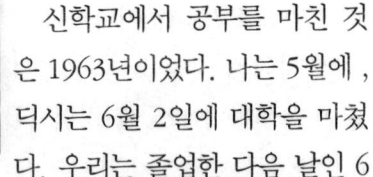

신학교에서 공부를 마친 것은 1963년이었다. 나는 5월에, 딕시는 6월 2일에 대학을 마쳤다. 우리는 졸업한 다음 날인 6월 3일에 결혼식을 올렸다. 하나님의 은혜 가운데 그녀의 부모와 약속한 대로 실천한 셈이다. 그런데 우리가 살던 버지니아 주에서 하지 못하고 메릴랜드 주에서 결혼식을 올렸다.

그 이유는 다른 것이 아니라 법적인 문제였다. 지금은 그런 법이 없어졌지만 당시 버지니아 주에서 백인은 백인이 아닌 사람과는 결혼할 수 없었다. 물론 백인과 흑인 사이의 결혼을 말하는 것이었다. 그러나 일생에 한 번밖에 없는 결혼을 이왕이면

딕시 래스트(Dixie Rast)와의 결혼(1963년 6월 3일)

법적으로 완벽하게 하고 싶었다. 마침 고등학교 동문으로서 나처럼 미국에서 대학과 신학을 마치고 미국인과 결혼했으며 메릴랜드 주에서 목회하는 티모디 리(Timothy Lee-이우택)라는 친구 목사가 있었다. 그가 시무하는 교회에서 그의 주례와 축복 하에 잊을 수 없는 결혼식이 거행되었다.

한 가지 재미있는 이야기가 있었다. 그 교회가 속한 몽고메리 카운티(Montgomery County-군 혹은 면) 사무실에 가서 결혼 허가 증명서를 받을 때였다. 여자 서기는 나에게 한 가지 질문을 했다. "당신은 말레이시아 사람이 아니지요?" 무슨 말인지도 모르고 아니라고 대답했더니 됐다면서 결혼 면허증을 발부해 주었다. 우리는 그녀가 왜 그런 질문을 했는지 아직까지 확실히 알 수 없다. 몽고메리 군에 가까이 있는 볼티모어는 큰 항구 도시라 세계 각처에서 선원들이 드나드는 곳이다. 추측해 보건대 말레이시아에서 온 선원이 백인 여자와 결혼하려고 했을 때 주 정부에서 국제결혼을 방지하기 위해서 만든 법이 아닌가 생각된다.

결혼 후 신혼여행 중

결혼식을 앞둔 우리 두 사람에게 또 한 가지 중요한 것이 있었다. 결혼식에 딕시의 온 가족이 참석하는 것인지 알 수가 없었다. 그녀의 아버지와 형제 자매들은 걱정되지 않았다. 그러나 결혼을 적극적으로 반대하던 그녀의 어머니가 참석할지 알 수 없었다. 그런데 그분이 마지막 순간에 마음을 돌이켜 참석하여 우리는 대단히 기뻤다. 또한 딕시의 졸업식 바로 다음 날이라 딕시의 가까운 친구들이 집으로 돌아가기 전이어서 많이 참석하였다. 참으로 하나님의 은혜가 넘치는 결혼식이었다.

결혼을 반대한 미국인 장모의 사랑

1963년은 나의 일생에 세 가지 중요한 일이 생긴 해였다. 첫째로 그처럼 갈망하던 공부, 즉 대학과 신학교를 다 마쳤다. 둘째로 믿음이 좋고 아름다운 미국인과 결혼을 했다. 셋째로 신학교를 마치면서 7월에 드디어 목사가 되었다.

우리가 남미 브라질에서 선교하던 때였다. 장인과 장모는 우리를 방문하여 6개월 동안 체류하였다. 처가의 다섯 자녀 중 맏아들은 남침례교 목사로서 우리와 같이 브라질에 와서 오늘날까지 38년 동안 선교하고 있다. 둘째 딸 딕시는 나와 결혼해서 목사 사모가 되었고 그 밑의 딸도 목사와 결혼했다. 둘째 아들과 막내딸은 모두 부부가 함께 교회 안팎에서 신앙생활을 열심히 하는 사람들이다.

    결혼을 반대하던 장인과 장모는 결혼 전과 후에 나를 대하는 태도가 전적으로 달라졌다. 아마 '좋거나 싫거나 이미 사위가 되었으니 이왕이면 잘 지내야지' 하고 생각했던 모양이었다. 특히 맏아들을 낳았을 때부터는 완전히 나를 가족으로 대해 주셨다. 장모님이 돌아가시기 얼마 전의 일이다. 장인이 장모보다 나이가 열 살이나 위이기 때문에 상식적으로 장인이 먼저 세상을 떠나리라고 온 가족이 생각하고 있었다. 하루는 장모가 자기의 첫딸인 아내에게 물었다. "나는 물론 아이들과 같이 살지는 않겠지만 만일에 그렇게 된다면 아무래도 너희 집에서 같이 살아야겠지?" 나는 그 말을 나를 자신의 사위로 완전히 받아들일 뿐만 아니라 세 사위 중에서도 나를 제일 신임하고 좋아한다는 것으로 여겼다.

    그리고 얼마 후에 장모님이 먼저(62세) 주님의 부르심을 받고 소천하셨다. 나는 그분의 말씀을 소중하게 기억하고 있다.

마틴 루터 킹 (Martin Luther King) 목사의 영향

　내가 미국에서 공부하던 1950년대는 노예 해방이 된 지 벌써 90년이나 된 때였다. 그러나 미국에서는 아직까지 인종차별이 있었다. 흑인은 백인이 들어가는 식당에서 식사할 수 없었다. 기차나 버스 정거장에서도 백인이 사용하는 화장실과 흑인을 위한 화장실이 따로 있었다. 주일에도 흑인교회, 백인교회가 따로 예배드리는 시대였다.

　이러한 때 사회적으로 미국에 꼭 필요한 지도자, 마틴 루터 킹이라는 젊은 흑인 목사가 나타났다. 이 목사의 지도 하에 인권과 민권을 위한 운동이 열렬하게 진행되었다. 킹 목사는 흑인

뿐만 아니라 인종을 초월해서 모든 사람의 인권과 복지를 위해서 노력한 훌륭한 지도자였다. 당시 백인과 흑인이 분리되어 차별 당할 때 나는 백인도 흑인도 아닌 동양인으로서 미국 사회에서 어떻게 살았는가?

대학과 신학교에서 공부할 때는 외국 학생으로서 신분이 분명했다. 그러나 미국인과 결혼하고 목사가 되면서 나의 신분은 크게 달라졌다. 나는 백인으로 대우받았다. 또 나 자신도 백인처럼 생각하며 살았다. 민족 차별을 받아본 기억이 전혀 없었다. 사회학적 용어로 표현한다면 겉은 황색, 속은 백색인 바나나였다고 볼 수 있었다.

오히려 브라질에서 12년간 선교를 마치고 1979년 미국에 돌아온 후에 나는 백인이 아니고 동양인이라는 것을 강하게 느꼈다. 1965년에 미국의 이민법이 크게 개정되면서 많은 한국인이 미국에 이민 왔기 때문에 나도 원래 신분으로 돌아온 셈이다. 한국계 미국인(Korean American)이라는 신분이 되었다. 미국에 오는 한국인이 많아짐에 따라 민족적 신분이 분명해졌다. 이러한 느낌은 한국 사람들이 많이 사는 로스앤젤레스나 뉴욕, 혹은 워싱턴 D.C에 갈수록 더욱 분명해졌다.

제4부 잊을 수 없는 미국 야학과 목회 이야기

꿈 따라, 사랑 따라, 사명 따라

왜 미국 교회에서 목회를 했나?

그 이유는 간단하다. 1963년 당시 미국에는 유학생 외에는 한국인이 별로 없었다. 미국 동부에서는 한국 교회가 뉴욕에 하나, 워싱턴 D.C에 하나 있을 정도였다. 그래서 목회를 한다면 자연히 미국 교회에서 할 수밖에 없었다. 부모님이 남한에 계셨더라면 두 말 없이 공부를 마치면서 한국에 돌아갔을 것이다. 그러나 10년 가까이 미국에서 공부하다 보니 조국인 한국이 오히려 더 낯설고 미국이 더 익숙해졌다. 나는 기도하면서 어느 곳이든지 하나님께서 인도하시는 대로 가기로 했다.

신학교를 마치면서 버지니아 주의 노퍽(Norfolk) 시에 있는 웨스트민스터 미국 장로교회에서 청빙을 받았다. 외국인이 많지 않은 지방보다 큰 도시에서 목회하게 된 것은 또한 하나님의 축복이었다. 특히 노퍽은 미국에서 제일 큰 해군기지로서 세계 여러 나라의 상선들이 드나드는 덕분에 사람들의 마음이 열려 있는 국제도시였다. 당시 그 교회는 등록 교인이 142명이었다. 나를 청빙할 때 공동회의에서 14명은 부결표를 던지고 그들 중 한 가족은 아예 교회를 떠나 버렸다. 신학교에서 나를 대단히 사랑해 준 지도 교수였던 제임스 애플비(James Appleby) 박사는 그만하면 괜찮은 득표니까 청빙을 수락하는 것이 좋을 거라는 권면을 하였다. 우리는 기도하는 마음으로 그 청빙을 받아들였다.

1963년, 나는 33세 때 목사가 되었고 나의 아내 딕시는 22세 때 목사 사모가 되었다. 7월에 우리 젊은 부부는 그 교회의 목사관에서 아름다운 신혼생활을 시작했다. 그때 한국인으로서 미국 교회에서 목회하는 사람은 많지 않았다. 수년 전 미국에 올 때만 해도 공부를 마치고 미국 여자와 결혼하고 미국 교회에서 목회한다는 것은 상상할 수도 없었다. 미국 교회에서 목회하는 데는 미국인 사모가 큰 도움이 되었다.

딕시가 노퍽의 종합병원의 간호학교에서 가르치는 사이에 임신이 되었다. 다음해인 1964년 크리스마스 직전에 장남인 데이빗을 낳았다. 내가 부임한 교회의 선임 목사는 은퇴하기 전 32년 동안 목회하였는데 자녀가 없었다. 그러므로 그 목사관에서 30여 년 만에 아기를 낳았다는 것은 큰 경사였다. 전 교인들은 아이를 낳기 전부터 베이비 샤워(Baby Shower)를 준비하고 데이빗을 마치 자신의 아이처럼 아주 자랑스럽게 여겼다.

그때 나의 영어는 주로 대학과 신학교 강의실에서 쓰는 학술적인 영어였다. 그래서 목회하면서 일반적인 대화에서 쓰는 새로운 영어 단어를 많이 배웠다. 실례를 들자면 나는 여전도 회원들이 아기를 낳기 전 비밀리에 선물을 준비하여 사모에게 주는 '베이비 샤워' 가 무엇인지 전혀 몰랐다. 글자 그대로 어린아이를 목욕시키는 것으로 알았다. 전도회 회장이 내게 그것을 비밀로 하도록 당부했다. 나는 속으로 미국 사람들은 아기 목욕시키는 것이 뭐 그렇게 대단해서 저렇게 소란을 피우나 생각했다.

교회에서 여전도회 주최로 해산 전에 아기를 위하여 많은 선물을 준비하고 비밀로 날짜와 장소를 정해서 사모를 불러다 선물을 주는 파티를 가리켜 베이비 샤워라고 한다. 갑자기 초청을 받고서 많은 선물을 하나씩 열면서 함께 큰 소리로 웃고 떠드는 시간인 것이다.

또 한 번 영어 때문에 실수한 적이 있었다. 'Homely' 라는 단어 때문이었다. 교회에 부임한 지 얼마 후의 예배 시간이었다. 우리를 소개하면서 나는 아내가 가정적이라는 뜻으로 '내 아내의 장점 중 의 하나는 Homely한 것입니다!' 라고 하였는데, 교인들이 이 말을 듣더니 손뼉을 치며 웃었다. 나는 'Homely' 라는 단어에 '미운 여자' 라는 뜻도 있다는 것을 꿈에도 생각지 못했던 것이다. 한 가지 좋은 점은 내가 영어로 실수할 때마다 교인들이 비판하기보다는 재미있게 여기고 웃어 준다는 것이었다.

목사로 부임하면서 노회에서 안수를 받기 위한 시험이 며칠간 있었다. 나는 노회의 정기 총회에서 약 300명 회원들 앞에서 '기도의 능력'이라는 제목으로 설교를 함으로써 시험을 마쳤다. 노회장은 설교를 마치는 나에게 "우리는 지금까지 한국에 선교사를 보냈지만 이제 우리가 한국에서 선교사를 받을 때가 왔습니다!"라고 말하면서 회원들의 박수로 환영해 주었다. 하나님께 깊이 감사하는 감개무량한 순간이었다. 이럴 때마다 나는 북한에 계신 부모님을 생각할 수밖에 없었다. 홀로 남한에 보낸 외아들이 전쟁에서 죽지 않고 살아 남았을 뿐만 아니라 미국에서 공부를 마치고 복음을 전한다는 것을 아신다면 얼마나 기뻐하실 것인가? 나의 이런 심정을 알아주는 사람은 없었다.

미국인 장로의 개심

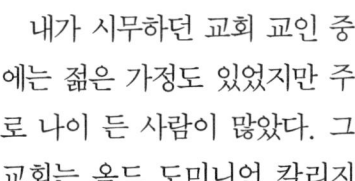

내가 시무하던 교회 교인 중에는 젊은 가정도 있었지만 주로 나이 든 사람이 많았다. 그 교회는 올드 도미니언 칼리지(Old Dominion College)라는 대학과 가까웠다. 그 대학이 확장되면서 경제적으로 상류인 사람들은 다 노퍽(Norfolk) 시 교외로 빠져나가고 우리 교인들은 주로 가난한 중하층의 백인들이었다. 그리고 교인들의 교육 수준도 낮았다. 따라서 가까이 있는 대학교 학생들을 전도하는 데 별로 효과가 없었다. 이 교회의 또 한 가지 특징은 32년 동안 담임한 전임 목사는 설교를 짧게 했다는 것이었다. 주일 아침 11시에 예배가 시작되면 12시 정각에 끝나는 것이 이 교회의 전통이었다.

새로 온 목사로서 나는 하나님께 참된 예배를 드리기 위해 사람의 전통 대신 성령의 인도를 따라야 했다. 하나님께 드리는 시간도 제약 대신 자유가 필요하다는 교육이 필요했다. 한 가지 작은 문제가 생겼다. 그 교회에서 자라 집사와 장로로 다년간 봉사한 오스턴 분(Mr. Auston Boon)이라는 사람이 있었다. 그는 친절하고 진실하며 유난히 굵은 눈썹을 가진 사람이었다. 문제는 예배가 12시 정각에 끝나지 않을 때면 긴장한 얼굴로 자기 손목시계를 자꾸만 바라본다는 것이었다. 한 번만 보는 것이 아니라 되풀이해서 자꾸만 바라보았다. 나는 이 장로를 사랑하고 존경했다. 어떻게 그의 마음을 상하지 않고 그 버릇을 고칠 수 있을까 기도하며 연구하였다.

어느 주일 아침에 '주님을 찬양하라!' 는 제목으로 설교를 했다. 하나님께 예배를 드린다는 것은 우리의 최대의 특권이요 축복임을 강조했다. "만일 일주일에 한 번씩, 한 시간 드리는 예배가 지루하다면 하늘 문을 열어놓고 환영해도 여러분은 들어가지 않을 것입니다. 왜냐하면 하늘나라는 하루 24시간 끊임없이 하나님께 예배드리는 곳이기 때문입니다."

이 설교를 들은 후 분 장로는 예배 시간에 두 번 다시 시계를 바라보지 않았다. 성령의 역사였다.

꿈 따라, 사 랑 따 라, 사 명 따 라

영생을 놓친 C. E. 교인

내가 담임하던 미국 교회는 헌신적인 교인들도 있었고 그저 주일 예배만 정기적으로 참석하는 교인들도 있었다. 그밖에 교회에 가끔 나오는 사람들도 있었다. 이러한 교우들을 가리켜 미국에서는 'C. E. Christian'이라고 부른다. C는 크리스마스(Christmas)를, E는 부활절(Easter)을 가리킨다. 즉 특별행사 때만 교회에 참석하는 교인들을 말하는 것이다. 우리 교회에는 C.E. 교인들이 여럿 있었는데 그중에 빌 브래디(Bill Brady)라는 사람이 있었다. 그의 부인인 로이스 브래디(Lois Brady)는 헌신적인 교인이었다. 주일 학교에서 아이들도 가르치고 여전도회 회장도 지냈다. 브래디 씨는 사교적인 사람이었다. 그는 나를 좋아해서 여러 번 생선요리를 잘 하는 음식점으로 초대했다. 기회가 있는 대로 나는 그에게 개인 전도를 했다. 그럴 때마다 그는 이렇게 대답하는 것이었다.

"목사님, 나는 하고 싶은 것을 다 하고 가고 싶은 곳을 다 가면서 즐기다가 죽기 일 주일 전에 예수를 믿고 천당에 가겠습니다."

브라질 선교사로 떠나기 바로 얼마 전이었다. 음식점에서 나는 다시 진지하게 전도를 했다. 인생은 짧은데 멀리 선교지로 떠나는 우리가 다시 이 세상에서 만나지 못해도 예수님을 믿고 하늘나라에서 만나자고 권유했다. 특히 잘 믿는 그의 아내와 함께 꼭 하늘나라에서 만나자고 당부했다. 브래디 씨는 성격이 서글서글한 낙천적인 사람이었다. 그는 여전히 웃으면서 "목사님, 저는 하고 싶은 것을 다 하고 가고 싶은 곳에 다 가보고 마음대로 살다가 일 주일 전에 예수를 믿고 천당에 가겠습니다!"라고 또 말했다. '이렇게 친절한 사람에게 왜 이렇게 전도가 어려울까.' 나는 혼자 말하며 장로교의 예정론을 생각했다.

이후 브라질에 가서 4년 동안 선교를 마치고 1년 안식년을 얻어 미국에 돌아오기 얼마 전 어떤 교인에게 그가 별세했다는 편지를 받았다. 우리는 미국에 돌아가자마자 교회를 방문하여 그가 어떻게 죽었는지 알아보았다. 교인들의 말에 의하면 그는 지붕에서 일하던 중에 심장마비로 갑자기 쓰러졌다고 하였다. 나는 전도가 얼마나 중요한지를 다시 명심했다. 그러나 아무리 훌륭한 복음이라 할지라도 그것을 받지 않으면 아무 소용이 없는 것이 안타까웠다. 강물이 아무리 많아도 끌고 간 말이 마시지 않으면 어떻게 할 수 없다는 것이 너무나 안타깝다.

젊은 미국인 집사의 구원과 교회 부흥

꿈 따라, 사랑 따라, 사명 따라

개인 전도의 중요성을 깨달은 나는 미국인과 한국인은 물론 남미에서 브라질인과 일본인을 상대로 전도하였다. 내 경험으로는 제일 전도하기 쉬운 사람들이 한국인이고 제일 힘든 사람들이 일본인이었다. 일본 사람들은 하나님이란 개념조차 이해하기 힘들었다. 일본은 돈이 많은 것처럼 신도 많은 나라로서 공적으로 인정된 신이 8백만이나 된다. 다음으로 전도하기가 힘든 것이 브라질인이다. 가톨릭교의 영향 때문이다.

택시를 타고 교회에 가면서 대화 중에 운전기사가 나에게 묻는다. "당신은 미국인 같은데 어떤 일을 하는 사람입니까?" "나는 선교사입니다"라고 대답하면 으레 "무슨 종교입니까?"라고 되묻는다. "장로교입니다"라고 대답한 후 나는 묻는다. "당신의 종교는?" 십중팔구 대답은 가톨릭이다. 어느 교회에 다니냐고 물으면 감정이 풍부한 브라질 사람이라 어깨를 들썩이면서 아무 교회에도 속하지 않는다고 대답한다. 나는 다시 묻는다. "당신은 마지막으로 언제 교회에서 예배드렸습니까?" 그는 다시 어깨를 들썩거리며 교회에 나가 본 적이 없다고 대답한다. 나는 또다시 묻는다. "그렇다면 당신은 왜 가톨릭 신자라고 합니까?" 다시 어깨를 들썩거리면서 대답한다. "Eu nao sei!(나도 모릅니다!)"

브라질에서는 사람이 태어나면 세례를 받고 교회에 다니지 않아도 죽을 때 신부가 장례식을 치른다. 따라서 구원 문제를 해결한 것으로 알고 있어 전도가 힘든 것이다. 그러나 지금 중남미는 강한 성령의 역사로 크게 부흥되고 있다. 영적인 진공상태에서 많은 사람들이 예수님의 복음을 받아들이며 수많은 기독 교회들이 생겨나고 있다.

미국인도 전도하기가 쉽지는 않다. 교회에 다니고 바르게 살려고 노력하니까 구원받을 것이라고 믿는 사람들이 많다. 또한 많은 사람들은 교회에 가끔 나가기 때문에 구원을 받은 것으로 생각한다. 어떤 사람은 자기가 미국인이기 때문에 죽어서 천국에 간다고 믿는다.

이 세 나라 사람들과 비교할 때 우리 한국인은 얼마나 전도가 잘 되는지! 특히 정든 고향땅을 떠나 낯선 나라에서 고독하게 살면서 얼마나 많은 한국 사람들이 복음을 잘 받아들이고 있는가!

그러나 이민 와서 성공하기 전에 예수를 믿는 것이 대단히 중요하다. 일단 돈을 많이 벌거나 박사 학위를 딴 후에는 전도가 거의 불가능해진다.

내가 웨스트민스터 교회에 목사로 부임한 지 1년이 지난 1964년에 생긴 일이다. 교인 중에 30대인 젊은 신자 제임스 매튜(James Matthew)라는 사람이 있었다. 교회는 잘 나오지 않았지만 '젊은 피(젊은 사람)'가 필요하다고 해서 이 사람을 집사로 임명했다. 그의 아내는 헌신적인 교인으로 주일마다 세 아이들을 데리고 교회에 잘 나오고 성가대와 부인회에서 열심히 봉사했다. 제임스는 집사 안수를 위한 준비 공부 중에 예수님을 영접하고 거듭남으로 전 교회가 크게 부흥되었다. 나는 물었다. "만일 이 시간에 공중에 날아가는 제트기가 추락하여 우리가 죽으면 당신은 어디로 갑니까?" 그는 자신 있게 하늘나라에 간다고 대답했다. 나는 다시 물었다. "어떻게 무슨 자격으로 하늘나라에 갈 수 있습니까?" 그는 대답하기를 자기는 신앙이 있는 가정에서 태어났고 유아 세례를 받았고 주일학교에 다녔고 교회에서 결혼식을 했고 지금도 교회에(잘은 못 나가지만) 계속 다니고 있기 때문이라고 했다. 나는 기도하는 마음으로 다시 물었다. "성경 어디에 믿는 가정에 태어났고 세례를 받고 주일학교에 다니고 교회에서 결혼하면 구원받는다고 적혀 있습니까?" 제임스는 해답을 찾기 위해서 자기의 성경을 뒤적거렸다. 적합한 구절을 찾지 못한 그는 잠깐 눈을 감고 생각하는 듯했지만 대답이 없었다.

우리는 일 주일 동안 제임스를 위해 열심히 기도했다. 다음주 금요일 저녁에 다시 모여 집사 안수 준비 공부를 시작했다. 공부를 시작하자마자 제임스는 물었다. "어떻게 구원을 받을 수 있습니까?" 나는 성경에서 이사야 53장 6절과 요한복음 1장 12절, 로마서 6장 23절을 선택하여 알기 쉽게 구원에 대해서 설명했다. 지난 일 주일 동안 그의 마음을 감화시킨 성령님은 영의 눈을 밝혀 주셨다. 그는 그 자리에서 무릎을 꿇고 예수님을 구세주로 믿고 받아들였다.

그날 예수님을 영접한 제임스는 그의 생에 큰 변화를 일으켰다. 그는 주일 아침마다 세 아이의 목욕을 직접 시키며 아내를 돕고 집집마다 다니며 노인들을 교회에 모시고 오기 시작했다. 예배시간은 물론 주일학교와 주중의 성경공부에도 열심히 참석했다. 얼마 후 교회의 회계를 맡고 청년회 지도자로 많은 청년과 여러 사람들을 주님께 인도했다. 교회에 대해 비판적인 자기의 장인까지 전도하였다. 머지않아 장로가 되었고 주님을 위해서는 무엇이나 아끼지 않고 헌신하며 전도와 선교에 전력을 다하였다. 이렇게 한 사람의 젊은 집사가 변화됨으로써 교회에 큰 부흥이 일어났다.

제5부 브라질 선교

하루는 볼 일이 있어서 노펵(Norfolk) 시의 중심가에 다녀왔다. 그 중심가의 거리에는 각각 코너에 3개의 교회가 우뚝 서 있다. 나는 이날 교회가 많이 있는 미국과 교회도 없고 예수님의 복음을 한 번도 들어보지 못하는 나라 사람들을 생각하게 되었다. 우리 죄인들의 구속을 위해서 자기의 독생자 외아들을 이 땅에 선교사로 보낸 하나님의 심정을 생각하게 되었다. 나를 필요로 하는 곳은 이 나라가 아니다. 미국 땅에는 많은 교회가 있고 라디오와 텔레비전을 통한 설교가 많은 곳이다. 이 나라에 태어난 사람으로 예수를 믿지 않는 사람들은 남의 책임이 아니다. 그들 자신들의 책임인 것이다.

집에 돌아와서 나의 아내 딕시와 함께 하나님의 부르심에 대해서 상의하며 기도하기 시작했다. 깨끗하고 아름다운 나라 미국에서의 목회를 버리고 멀리 낯선 나라에 선교사로 간다는 것은 인간적인 면에서 생각할 때 논리적이 아니라고 볼 수도 있을 것이다. 그러나 얼마동안 기도하면서 우리는 선교사가 될 것을 확실히 결정하였다. 기도 가운데 하나님의 인도하심을 받아 우리는 브라질에 선교사로 가게 되었다.

꿈 따라, 사랑 따라, 사명 따라

북미에서 남미로

미국 생활에 익숙해지고 교회도 자리잡아 가는 때였다. 우리는 정든 교인들과 고별의 인사를 마치고 노퍽을 떠나게 되었다. 마치 미국에서 제2의 고향을 떠나는 것 같았다. 그러나 한편 하나님의 부르심을 받고 주님의 복음을 위해 먼 나라를 향해 떠나면서 우리의 마음속에는 세상 사람들이 알지 못하는 기쁨과 감사함으로 가득 차 있었다.

1967년 8월에 두 살 난 첫아들 데이빗을 데리고 밤 9시에 뉴욕을 떠나 다음 날 새벽 5시에 브라질의 캄피나스(Campinas) 국제공항에 도착했다. 한 가지 잊을 수 없는 것은 그날 밤 뉴욕을 떠날 때는 전부 영어로 말하던 사람들이 새벽에 브라질에 도착하자마자 전부 포르투갈어로 말하기 시작했다는 것이다. 바로 몇 시간 전만 해도 영어로 말하던 사람들이 마치 약속이나 한 듯 브라질어를 쓰는 것이 신기하기만 했다.

당시 우리가 속해 있던 미국 남장로교 선교부에서는 새로 임명된 선교사들에게 미국을 떠나기 전에 6개월 동안 선교국의 언어를 가르쳐서 보내는 것이 상례였다. 그러나 그 무렵에 하나도 가르치지 않고 보내도록 정책을 변경하였다. 후에 깨달은 것이지만 언어를 모르고 보내는 것이 생소한 나라 브라질에 이민 와서 정착하느라 애쓰는 한국인의 어려움을 이해하는 데 큰 도움이 되었다. 복음을 전할 때 많이 도움이 된 것이다. 우리가 브라질에 도착한 지 3개월 만에 둘째 아들 폴을 낳느라고 아내는 물론 나 자신에게도 잊기 힘든 어려움이 있었다.

해산에 문제가 생겨서 제왕절개를 하게 되었다. 복잡한 수술 절차와 해산 전후에 말이 통하지 않아 땀 흘린 때가 한두 번이 아니었다. 이런 일도 있었다. 해산할 때 아이가 태에 엉켜서 10일 동안 인큐베이터에서 치료받고 있었다. 아내는 그동안 아기의 얼굴을 한 번도 보지 못했다. 의사는 아이가 아무 걱정이 없었다고 하였다. 그런데 체중을 물었더니 3kg을 파운드로 계산하다 혼돈해서 6파운드 얼마로 말하는 것 대신 1.5파운드라고 서투른 영어로 말하여 아내는 미칠 정도로 걱정했다고 한다.

우리는 브라질에 도착하자마자 12개월 동안 브라질어(포르투갈어)와 문화를 열심히 공부하였다. 복음은 주로 말로 전하는 것이니 선교사로서 그 나라 말을 공부한다는 것이 얼마나 중요한 것인지 새롭게 느껴졌다. 우리가 브라질에 도착한 1967년에 내가 공부한 학교에서 브라질어를 공부하는 학생들은 영국과 캐나다를 비롯해서 주로 미국에서 온 선교사로 약 60명이 있었다. 언어 학교에서는 선교사 부부가 함께 공부하였는데 시험을 칠 때마다 전반적으로 여자들이 남자들보다 우수했다. 부활하신 예수님이 왜 남자 대신 여자들을 먼저 만나셨는지 이해할 수 있다.

그러나 학교를 졸업하면 남편은 계속 설교하기 때문에 가정을 돌보는 아내보다 언어가 훨씬 더 앞선다.

언어학자들에 의하면 그 나라 말을 완전히 습득하는 데는 다음의 4가지 요소가 중요하다고 한다. 첫째, 언어에 대한 소질, 둘째로 연령이 젊을수록, 셋째로는 학교를 마치고 현지에 나가서 계속 언어를 사용할 수 있는 환경, 넷째로는 언어 공부에 대한 동기가 그것인데 제일 중요한 것은 동기라고 한다. 어떻게 해서든지 복음을 전하기 위해서 그 언어를 마스터해야 되겠다고 결심하고 노력하는 것이 제일 중요한 것이다.

우리가 1967년 브라질에 도착했을 때 우리가 소속된 미 남장로교단에서는 153명의 선교사가 활동하고 있었다. 선교 본부에서는 원래 우리를 브라질 본토인을 상대로 파견했다. 그때 한국에서 우리보다 4개월 먼저 와서 상파울루 시의 한인 연합교회에 부임한 목사가 있었다. 어느 날 그 목사가 나를 찾아와서 인사를 나누고 보니 장차 미국에서 가장 큰 한국인 교회인 나성영락교회를 담임할 김계용 목사였다.

김계용 목사는 내게 간청했다. "지금 한국에서 많은 사람들이 브라질에 이민 오고 있습니다. 이왕이면 브라질 사람들보다는 한국 동포들을 상대로 선교하는 것이 더 보람 있지 않겠습니까? 꼭 상파울루에 와서 우리를 도와주십시오." 사실 나에게는 기쁜 소식이었다. 한국을 떠난 이래 항상 조국이 그리웠던 나는 김 목사의 제안이 마음에 들었다. 우리는 기도하면서 선교 본부에 요청하였다. 선교부는 절차를 밟은 다음 6개월 후에 우리에게 한국 이민자들을 위하여 선교를 하도록 해 주었다.

12개월 동안 브라질 언어와 문화 공부를 마치면서 1968년 8월에 캄피나스 시에서 상파울루 시로 이사를 했다. 우리가 도착했을 때 상파울루 시에는 약 2,000명의 한국인과 두 개의 한국 교회가 있었다. 내가 첫 주일 아침에 당시 연합교회가 빌려서 예배드리던 브라질 루터란교회에 갔을 때는 이미 150명에 가까운 장년들이 예배에 참석하고 있었다. 아직 이민 초창기였기 때문에 내 차를 포함하여 불과 세 대의 차가 교회 앞에 나란히 서 있었다. 연합교회는 남미에서 가장 먼저 세워진 한국인 교회이자 당시 해외에 있는 한국 교회로서는 가장 큰 교회였다.

당시 한국인들은 농업 이민으로 왔지만 농사를 짓고 싶어도 지을 수 없는 형편이었다. 그러므로 파라나(Parana) 주의 산타 마리아(Santa Maria) 농장과 상파울루 주의 산타 카타리나(Santa Catarina) 농장을 제외하고 대부분의 한국인은 상파울루 시에서 사업을 했다. 브라질에서 12년 동안 선교를 마치고 1979

년에 다시 미국으로 돌아갈 때는 브라질의 한국인 인구가 2,000명에서 약 20,000명으로, 2개의 교회는 어느새 16개의 교회로 늘어났다.

처음 3년 동안은 연합교회의 청소년들, 특히 대학생을 상대로 선교하면서 김계용 목사를 여러 면으로 도왔다. 연합교회가 시작한 산타 카타리나의 지 교회와 산타 마리아 지 교회에서 김 목사와 교대로 설교하였다. 1972년에 김계용 목사가 로스앤젤레스 영락교회의 청빙을 받고 떠난 후에는 후임 목사가 올 때까지 3년 반 동안 상파울루 연합교회를 전적으로 담당했다. 따라서 김계용 목사는 만 4년 동안 연합교회를 담임했고 나는 6년 반을 담당한 셈이다.

꿈 따라, 사랑 따라, 사명 따라

북미와 남미의 제일 큰 차이점

미국에서는 남미를 사우스 아메리카(South America), 혹은 라틴 아메리카(Latin America)라고 부른다. 브라질에 와서 살면서 비로소 그 두 이름에 뚜렷한 차이가 있다는 것을 피부로 느꼈다. 미국과 캐나다는 북쪽에 있기 때문에 북미라고 부르고 브라질과 남쪽에 있는 나라들을 남미라고 부르는 것은 당연하다고 할 수 있다. 그러나 라틴 아메리카라고 부르는 것은 라틴 문화권의 언어와 가톨릭 계통의 깊은 종교적, 사회적 영향을 뜻한다. 뿐만 아니라 세계 근대사에 이성적, 과학적으로 크게 영향을 끼친 마틴 루터의 종교개혁과 유럽 문예부흥(Renaissance)의 영향을 별로 받지 않은 대륙의 문화를 말한다고도 볼 수 있다.

  콜럼버스의 신대륙 발견 후 17세기에 유럽에서 많은 사람들이 북미와 남미 대륙에 이민 왔다. 북미는 주로 영국을 비롯한 북유럽 국가에서 온 이민자들을 받았고 남미는 주로 스페인과 포르투갈에서 온 이민자들을 받았다. 북미와 남미의 여러 중요한 차이 가운데 가장 현저한 것은 정신적 문화를 조성하는 종교다.

  처음 브라질에 갔을 때 새로 온 선교사들이 자주 모여서 토의하면서 시간을 보내곤 했다. 대화 중에 북미와 남미의 차이점에 대해서 의견을 나누면서 그 중 한 사람이 이렇게 질문했다. "왜 미국의 북쪽 인접 국가인 캐나다는 생활 수준이 미국처럼 높고 남쪽의 인접 국가들은 경제적으로 어려울까?" 캐나다에서 온 어떤 젊은 선교사가 다음과 같은 흥미로운 세 가지의 이유를 들었다. 첫째로 캐나다인이 우수하기 때문이란다(하하하! 본인과 함께 우리는 다 웃었다.). 둘째로, 캐나다는 기후가 춥기 때문에 열심히 일해서 준비하지 않으면 겨울에 살 수가 없다. 셋째로, 유럽에서 이민 올 때 북미에는 기독교 신자들이 왔고 남미는 가톨릭 신자들이 이민 왔기 때문이다.

  이 선교사는 계속해서 말했다. "다시 말하자면, 북미에는 성경이 들어왔고 남미에는 성경이 들어오지 못했다. 이것이 대단한 차이인 것이다." 성경은 개인과 국가를 막론하고 그 삶의 흥망성쇠를 좌우하는 것이다. 북미와 남미를 여러 차례 여행하면서 생활 수준에 큰 차이가 있는 것을 볼 때마다 그 캐나다 선교사의 말이 기억나곤 하였다. "너희는 먼저 그의 나라와 그 의를 구하라. 그리하면 이 모든 것을 너희에게 더하시리라"(마 6:33)

고 말씀하신 예수님의 말씀도 함께 기억났다.

인간적으로 생각할 때 어느 쪽이 더 잘살 것인가? 유럽에서 종교적 탄압을 피하여 마음대로 하나님을 믿으면서 살겠다고 성경책을 들고 온 청교도들의 자손과 금이 많다는 소문을 듣고 금을 캐기 위해서 중남미에 온 사업가의 자손 중 누가 더 잘살 것인가? 전자가 후자보다 정치적, 경제적으로 훨씬 더 부강하다는 것은 성경 말씀이 진리라는 것을 증명한다.

이것은 북미와 남미 대륙에만 국한된 것이 아니다. 세계지도를 펴 보면 경제적, 정치적으로 강대하고 발전한 나라는(30개 나라 중 일본과 싱가포르를 제외하고) 전부 예수 그리스도의 복음이 들어간 나라다. 유럽과 북미를 보면 알 수 있다. 반면에 복음이 들어가지 못한 나라들은 전부 정치, 경제적으로 가난하다. 국제적인 면에서는 물론 나라 안에서도 복음이 있느냐 없느냐에 따라 부강이 결정된다.

실례를 들겠다. 아일랜드는 한 나라 안에서도 기독교 교인들이 사는 북쪽은 생활 수준이 높고 가톨릭교 교인들이 사는 남쪽은 생활 수준이 낮다. 그것보다도 더 현저한 실례를 들자면 한국일 것이다. 하나님이 없다고 주장하는 무신론 공산 국가인 북한과 예수 그리스도의 복음을 열심히 믿는 남한을 비교해 보면 금방 알 수 있다. 한쪽은 먹을 것이 없어서 굶어죽는 사람들이 많은데 한쪽은 세계적으로 11번째 되는 경제 대국이다. 밤에 위성에서 찍은 사진을 보면 한쪽은 캄캄한 흑암이요, 한쪽은 전국적으로 보석처럼 아름답게 반짝인다.

따라서 많은 차이점 가운데 북미와 남미의 제일 큰 차이점은 종교에 있다는 것을 볼 수 있다. 성경을 토대로 한 문화를 가진 나라와 성경 없는 나라 사이에는 큰 차이가 있는 것이다.

꿈 따라, 사랑 따라, 사명 따라

왜 언어가 그렇게 중요한가?

제5부 브라질 선교

"죽고 사는 것이 혀의 권세에 달렸나니"(잠 18:21)라는 말씀같이 우리가 일상생활에서 쓰는 말, 언어는 매우 중요하다. 브라질에 도착했을 때 새로 온 선교사들을 환영해 준 남장로교 선교부 책임자는 이렇게 말했다. "여러분은 미국에서 사회적으로 존경받는 목사들이었습니다. 그러나 선교지에서는 어린아이처럼 새롭게 시작해야 합니다. 어린아이란 다른 것이 아니고 말하지 못하는 사람이니까요." 그 나라 말을 할 때까지 글자 그대로 우리는 사회적 어린아이와 다름없었다.

자기가 나서 자라던 조국을 떠나 낯선 땅에 와서 정착하려는 한국 이민자들도 선교사들과 마찬가지로 언어가 얼마나 중요한 것인가? 낯선 곳에서 길을 물어야 할 때, 약국에 가서 약을 살 때, 운전 면허증을 취득할 때, 당장 필요한 아파트를 얻을 때 말이 통해야 하기 때문이다. 우스운 이야기가 있다. 어떤 한국 아주머니가 정육점에 고기를 사러 갔는데 풍문으로 암소 갈비가 더 맛있다는 말을 들었다. 가서 손짓발짓 다하며 암소 갈비를 사는데 오른손으로 자기 왼쪽 갈빗대를 두드리면서 "갈비, 갈비, 세뇨리타, 갈비! 세뇨리타, 갈비!"라고 외쳤다는 것이다. 선교사는 물론 새로운 나라로 이민 온 사람들도 언어가 얼마나 중요한지 잘 말해 주는 이야기이다.

또 한 가지 재미있는 일이 있었다. 1967년 브라질에 막 도착하여 12개월 동안 풀 타임으로 언어 공부를 했다. 그 과정은 지루했다. 하루는 아내에게 영화를 보자고 제안했더니 이렇게 물었다. "말도 통하지 않는데 어떻게 영화를 보려고요?" "내가 다 알아서 할 터이니 나만 따라 오시오!" 나는 이렇게 장담하고 일본인의 택시를 불렀다. 나는 일본어로 영화관으로 가자고 말했다. 그런데 이 일본인은 내 말을 알아듣지 못했다. 그래서 다운타운에 가서 영화관에 도착하는 대로 위치를 알려 주겠다고 말했다. 그곳에 도착했을 때 손으로 가리키면서 큰소리로 저기가 영화관이라고 말하자 그는 큰소리로 "오, 가치도 샤싱캉!"이라고 외쳤다. 그 말은 활동사진관이라는 뜻이었다. 이 일본 택시 운전사는 1차대전 후에 일본에서 브라질로 이민 왔는데 당시는 영화(映畵)라는 말 대신 활동 사진관이라고 했기 때문이다. 오래전 브라질에 이민 온 일본인은 나보다도 일본어가 서투른 사람들도 많다.

꿈 따라, 사랑 따라, 사명 따라

4개국 언어로
주례한 국제 결혼식

우리 연합교회 교인 중에 이영수라는 청년이 있었다. 그는 교회 성가대에서 수년 동안 열심히 봉사해온 진실한 청년이었다. 그는 대만에서 온 건축가 밑에서 일했다. 머리가 영리하고 얼굴도 잘 생기고 충실하기 때문에 사업가는 영수를 사위 삼기로 마음먹었다.

일평생 목회를 하면서 내가 제일 좋아하는 것 중의 하나는 결혼 주례다. 두 청년이 하나가 되어 희망에 찬 앞날을 하나님 앞에 예배드리면서 시작하는 모습이 대단히 아름다웠다. 주례하는 것은 나에게 큰 기쁨이었다. 그래서 그런지 여러 청년들이 결혼

주례를 부탁해 왔다. 얼마동안 이민 수속을 마치고 그 사업가의 딸인 양수어 양은 대만을 떠나 브라질에 도착하였다.

상파울루의 기후는 한국과 반대라서 1972년 9월 9일은 하늘 높은 가을이 아니라 겨울을 막 지내고 따뜻한 햇볕으로 가득 찬 아름다운 봄날이었다. 이날 연합교회에서 신랑 이영수 군과 신부 양수어 양의 결혼식이 거행되었다. 이 두 사람을 축하하기 위해서 온 가족들과 친지들은 한국인뿐만 아니라 브라질, 일본, 중국인도 포함되어 있었다. 결혼서약을 맺는데 신부는 한국어도 브라질어도 몰랐다. 그러나 다행히 영어가 능숙했다. 신부의 아버지도 역시 한국말도 브라질어도 몰랐다. 그러나 다행히 일본말을 하였다. 따라서 나는 일생에 처음이자 마지막으로 4개국 즉, 한국어, 브라질어, 영어와 일본어로 결혼식 주례를 했다.

결혼이란 전혀 다른 환경에서 태어나 자란 두 청춘 남녀가 만나 한 몸을 이루어 일평생을 같이 사는 즐겁고도 신비로운 일이다. 이영수 군과 양수어 양은 대양을 사이에 두고 서로 편지로 교제하다가 결혼 며칠 전에 처음 만났다. 이 두 사람의 신기로운 결합이 성공하기 위해서는 여러 조건이 필요했지만 그 중에서도 언어가 대단히 중요했다. 그들의 결혼식이 4개 국어로 진행된 것처럼 그들의 일상생활도 4개 국어로 이루어졌다.

꿈 따라, 사랑 따라, 사명 따라

브라질은
왜 남미의 중국인가?

　　　　　　　　　　　　브라질은 중국, 인도, 미국, 인도네시아에 이어 다섯 번째로 인구가 많은 나라이다. 국토로 보면 알래스카를 제외한 미국의 본토보다도 더 큰 나라로서 아마존 강을 비롯하여 대단한 지하자원을 가진 나라이다. 잘하면 제2의 미국도 될 수 있는 나라이다. 브라질은 미국과 같이 세계 여러 나라에서 이민 온 사람들이 사는 나라로서 별로 인종차별이 없는 나라로 알려져 있다. 남미에서 제일 큰 도시 상파울루 시는 80여 민족이 모여 살며 민족을 초월해서 많은 사람들이 국제결혼을 한다. 나와 같이 국제결혼한 사람들의 자녀들이 살기 좋기도 하다.
　　1967년 브라질에 도착했을 때 장로교단의 선교사 중에 칼 한

(Karl Hahn)이라는 선교사가 있었다. 이 목사는 백인으로 미국에서 대학과 신학대학원을 마치고 인도에서 동양철학 석사를, 스코틀랜드에서 신학 박사 과정을 공부한 사람이었다. 그리고 중국에서 대학과 신학교에서 가르치다 중국이 공산화될 때 브라질에 와서 선교하고 있었다. 우리는 자주 만나 대화를 즐기는 친구가 되었다. 그 친구는 '브라질은 남미의 중국'이라고 말했다. 나는 12년 동안 브라질의 선교사로 사역하면서 그의 말을 자주 떠올렸다. 나의 관찰에 의하면 중국과 브라질의 첫째 공통점은 시간에 대한 관념이었다. 내가 옛날에 신의주 동중학교에서 공부할 때 만난 중국인에게 자주 들은 말은 '쏘쇼 만만디!' 였다. 추운 겨울에 중국집에서 따끈따끈한 호떡을 사 먹을 때마다 중국 사람은 기다리라는 뜻에서 "쏘쇼 만만디!"라고 말하곤 했다.

브라질에서도 자주 들을 수 있는 '아만야(Amanha!)' 라는 말이 있다. 아만야는 포르투갈어로 '내일' 이라는 뜻이다. 실제로는 기다리라는 뜻이 더 맞을 것이다. 즉, 글자 그대로 진짜 다음날이 될 수도 있지만 1주일이 될 수도 있고 혹은 1개월도 될 수 있다는 말이다. 때로는 1년이 될 수도 있다. 12개월 동안 캄피나스 시에서 언어 공부를 마치고 한국 이민자들이 사는 상파울루 시로 이사했을 때였다. 우리는 3년 동안 셋집에서 살았다.

그 집은 캄캄하고 우울한 회색의 집이었다. 우리는 그 집 주인에게 좀 밝은 색깔로 칠해 달라고 부탁했다. 그 주인은 친절한 어조로 그렇게 해 주겠다고 말했다. 서류상으로 쓰지는 않았지만 그 말을 믿었다. 그런데 6개월이 지나도 해 주지 않았다. 매월 말에 주인의 아들이 와서 월세를 받아 갔다. 그때마다 우리는 언제 칠해 주느냐고 물었다. 그는 늘 친절하게 "아만야!"라고 대답했다. 그런데 1년이 지나도 바뀐 게 없었다. 우리는 월세를 받으러 올 때마다 채근했다. 그럴 때마다 그는 3년 동안 "아만야!"라고 되풀이했다.

이런 극단적인 일도 있었지만 브라질은 여러 면으로 살기 좋은 나라이다. 문화적으로 볼 때 브라질은 미국과 한국의 중간쯤 되는 나라다. 개인주의와 핵가족이 극도로 발전된 미국과 비교하면 아직도 한국과 비슷한 가족 제도의 나라로 부모들이 살기 좋은 나라이다. 그리고 기계적으로 시간에 얽매여 쫓겨 다니는 미국 생활과 비교한다면 브라질 사람들은 시간적으로 대단히 관대하고 여유가 있다. 약속 시간에 좀 늦어도 걱정없는 나라이다.

브라질 사람들은 대단히 친절하다. 뉴욕처럼 큰 도시인 상파울루에서 목회하면서 길을 물어야 할 때가 많았다. 그럴 때마다 브라질 사람들은 대단히 친절하게 길을 가르쳐 준다. 바쁜 상점에서도 일부러 밖에까지 나와서 친절히 가르쳐 주는 것이 보통이다. 어떤 때는 자기가 일하면서 돌리던 기계를 멈추고 나와서 친절히 말해 주는 사람도 있었다. 그런데 한 가지 조심할 것이 있다. 브라질에서 12년 동안 살면서 그렇게 많은 사람들에게 길을 물었지만 잘 모르겠다고 말한 사람은 한 사람도 없었다. 그래서 나는 반드시 세 사람 이상에게 길을 묻고 그 중 두 사람이 일치할 때에만 찾아가곤 하였다.

이렇게 살기 좋은 나라에 일본인이 많이 와서 살고 있다. 일본은 인구는 많고 땅이 좁아 일찍부터 정부가 책임지고 많은 사람들을 이주시켰다. 가난한 사람들, 특히 땅이 없는 빈민들을 선택하여 정부의 자금으로 보낸 것이다. 1908년에 배편으로 800여 명이 처음으로 온 이래 일본은 오늘날 브라질에서 세 번째로 숫자가 많은 민족이 되었다. 제일 많은 족속이 포르투갈 계통, 둘째로 이탈리아, 셋째로 일본인, 넷째로 독일, 다섯 번째로 러시아의 순서이다. 브라질 이민에 성공한 일본은 정치, 경제, 사회적으로 크게 이익을 얻었다.

우리 부부는 모임에 참석할 때마다 사람들은 나를 일본인, 아내를 독일인으로 보았다. 아내와 처음 인사를 나눌 때에 많은 사람들이 독일어로 대화를 시작한다. 아내가 못 알아들으면 영어로 "Shame on you! Your mother has not taught you German?(참으로 딱 하네요! 당신의 어머니는 당신에게 독일어를 가르치지 못했나요?)"라고 책망조로 말하곤 하였다. 아내가 "나는 독일인이 아니고 미국인입니다"라고 말하면 깜짝 놀라면서 다시 묻는다. "미국인도 외국인, 일본인과 결혼합니까?" "물론 외국인과 결혼하지요! 그런데 나의 남편은 한국인입니다!" 아내가 대답하면 그 사람은 한 번 더 놀란다.

브라질에서는 아주 까만 흑인을 제외하고는 모두 백인이라고 부른다. 한국인도 물론 백인에 속한다. 이 나라는 인종차별이 별로 없는 대신에 경제적 차이가 많다. 자본주의 국가로 돈만 있으면 무엇이나 다 살 수 있다. 요즘은 경제가 발전되면서 중산계급이 서서히 늘어나고 있다. 그러나 아직도 극소수의 사람만

이 부자이고 나머지 대중은 대단히 가난하다. 대부분 부자는 백인이고 흑인들은 가난하게 산다.

브라질에서는 각 민족마다 특수한 문화가 있고 등급(trade mark)이 있다. 실례를 들자면 독일인은 근면한 민족으로, 일본인은 정직한 민족으로 알려져 있다. 유대인은 깍쟁이, 네덜란드인은 불평하는 사람, 터키 사람은 거짓말쟁이라고 한다. 그래서 누가 독일 여자와 결혼했다면, "당신은 근면한 아내와 결혼했네요!"라고 하고 누가 거짓말하면 "Voce ae um Turk?(당신은 터키 사람이요?)"라고 말한다.

우리가 브라질에 선교사로 있던 1967-1979년에는 한국 이민의 초창기였기 때문에 아직 한국 사람들의 뚜렷한 등급표가 없었다. 나는 한국 교회 목사로 설교하면서 자주 우리 한국 사람은 브라질에서 존경받는 민족의 등급을 받아야 한다고 강조했다. 독일 사람들처럼 근면하고 일본 사람들처럼 정직할 뿐만 아니라 하나님의 사랑까지 가진 사람들이라는 등급표를 가져야 된다고 말했다.

20세기 초에는 가난한 사람들만 브라질에 왔지만 오래 참고 정직하게 살았기 때문에 일본 사람들은 오늘날 브라질에서 돈도 잘 벌고 존경받으면서 살아가고 있다. 정직하기 때문에 브라질 사람들은 상품을 살 때에 이왕이면 신용 있는 일본 사람의 상점에 간다. 우리 한국 사람들은 브라질에서 열심히 장사해서, 특히 제품을 잘 만들어서 돈을 벌고 있다. 브라질 사람들이 일본 사람과 얼굴이 비슷한 한국인을 정직한 일본인으로 알고 대하기 때문이라고 볼 수도 있다.

현재(2007년) 브라질에는 약 4만 명의 한국인과 45개의 한국 교회가 있다. 그리고 100명이 넘는 선교사들이 복음을 전하고 있다. 그런데 아이러니컬하게도 북한이 우리나라를 조선(Cho-sen)이라고 부른다. 복음을 위해 선택받은 나라라는 뜻이다. 미국은 달러로 일본은 전자 제품으로 세계를 지배해 왔다면 우리 한국은 그리스도의 복음으로 전 세계를 지배하도록 선택된 나라이다. 이 귀한 사명을 완수하기 위해서는 독일 사람처럼 근면하고 일본 사람처럼 정직하고, 또한 하나님의 놀라운 사랑을 가진 민족이라는 상표를 얻도록 노력하여야 할 것이다.

브라질 사람들의 꿈

우리가 1979년까지 선교하는 동안 브라질은 군사정권 하에 있었다. 당시 브라질의 화폐였던 크루제이로(Cruseiro)는 나날이 변할 정도로 인플레이션이 심했다. 경제적으로 대단히 어려웠다. 2차 세계대전에서 패했으나 다시 일어나 세계적인 경제대국이 된 일본을 크게 부러워했다. 그래서 그 군사정권의 목표는 브라질을 남미의 일본으로 만든다는 것이었다.

농담인지는 알 수 없으나 이런 이야기가 있었다. 브라질의 국가적인 목적을 달성하기 위한 대통령의 특별위원회가 있었다. 이 위원회는 젊은 고급 장교들과 우수한 학자들로 구성되었다.

하루는 회의 중에 어떤 대령이 손을 들면서 흥분해서 말했다. "내가 그 성공의 비결과 열쇠를 발견했습니다." 나머지 임원들은 심각한 표정으로 그것이 뭐냐고 물었다. 그 대령은 이렇게 말했다. "미국에 전쟁을 선포하면 됩니다." 그 말을 들은 사회자가 어리둥절한 얼굴로 왜냐고 반문했다. 그 대령은 대답했다. "독일과 일본을 보십시오. 미국과 전쟁하고 지더니 오늘날 경제대국들이 되지 않았습니까?"

이 말을 들은 회의실은 갑자기 조용해졌다. 그때 침묵을 깨며 또 한 사람이 이렇게 말했다. "만일 우리가 이기면 어떻게 됩니까?" 급기야 그 회의실은 온통 웃음바다가 되고 말았다.

꿈 따라, 사랑 따라, 사명 따라

브라질에 이민 온 한국 사람들

제5부 글라팜 편성

1959년에 한국과 브라질 정부간에 공식으로 외교관계가 수립되었다. 이에 앞서 한국전쟁 때 잡힌 반공포로 중에 50명이 1956년에 먼저 브라질에 도착하였다. 공산국가인 북한에 돌아가기를 거부한 50명의 반공포로가 중립국가인 인도를 거쳐 브라질에 도착하여 영주민으로 정착한 것이다.

그 후 한국문화교환협회의 회원들이 1961년 12월 25일 성탄절에 브라질에 도착하였다. 그들은 한국과 브라질 문화협회를 세우는 데 성공하고 영주민으로 브라질에 남아서 정착했다. 따라서 먼저 온 반공포로를 제외하고는 브라질의 한국인 이민의 첫 케이스가 되었다. 원래는 한국 사람들은 농업 이민으로 브라질에 왔지만 조건이 맞지 않아서 거의 전부가 상파울루 시에 정착했다.

우리 부부가 포르투갈어와 브라질의 문화를 배우고 다음 해에 상파울루 시에 갔을 때는 약 2천 명의 한국 사람과 두 개의 한국인 교회가 있었다. 그 중 48%는 20세 미만의 청소년이었다. 내일의 주인공인 젊은이에게 복음을 전하는 것이 교회의 시급한 과제였다. 그들에게 한국어와 포르투갈어, 이중 언어로 복음을 전할 수 있는 사람이 필요했다. 그러므로 내가 이 중책을 맡았다.

젊은 목사로서 많은 청년들이 나를 따랐다. 연합교회의 건물이 건축될 때까지 매주 주일 오후에는 청년들이 우리 집에서 예배를 드렸다. 또한 매주 금요일 저녁에는 교회에 나오지 않는 청년들을 초청하여 우리 부부가 영어회화를 가르치면서 복음을 전했다. 주일 아침에는 시간이 허락하는 대로 연합교회의 두 지 교회에서 김계용 목사와 교대로 설교하고 또 필요에 따라 연합교회와 다른 한국인 교회에서도 설교하였다.

미국에서 오래 살면서 내가 나서 자라고 살았던 조국이 얼마나 그리웠던지! 그런데 브라질에 와서 살면서 거리가 더 멀어져서 그런지 조국이 더욱 그리워졌다. 1970년대는 사업에 성공한 몇 사람을 제외하고는 먼 한국에 다녀온다는 것은 그림의 떡과도 같은 사치스런 일이었다. 교통이 불편할 뿐만 아니라 통신도 대단히 어려웠다. 우리가 1967년에 브라질에 와서 전화를 하나 사는 데 미화 2,500달러나 들었는데 그때까지 4년이 걸렸다.

꿈 따라, 사랑 따라, 사명 따라

이민 성공의
두 가지 비결

1971년 어느 날 한국의 백선도 형에게 편지가 왔다. 미국에 유학 오기 전 나를 친동생과 같이 사랑해 준 사람이다. 그래서 나는 그를 친형과 같이 사랑하고 존경했다. 그는 나처럼 북에서 자기의 동생 백선일과 함께 빈손으로 월남하였다. 그러나 착실한 사람으로 서울 경찰국에 근무하면서 많은 사람에게 존경받으며 후에는 큰 방송국 국장을 지내고 있었다. 이렇게 귀한 사람이 내가 선교사로 있는 브라질에 이민 오기를 원한다는 것은 기쁜 소식이었다.

나는 당장 편지로 그의 이민을 환영하며 필요한 초청장을 보냈다. 그러면서 성공적인 이민생활을 위해 다음과 같이 말을 전했다. "브라질은 살기 좋은 나라입니다. 그러나 형님, 오실 때 두 가지만 명심하고 오십시오. 첫째는 이 낯선 땅에 오시면 첫 2, 3년은 많은 고생이 기다리고 있다는 것입니다. 둘째로 이민에는 언어가 큰 재산입니다. 이 편지를 받는 대로 포르투갈어를 열심히 공부하고 오십시오!"

형은 내 편지를 받는 즉시 외국어대학에 가서 포르투갈어를 열심히 공부하고 6개월 후 1971년 가족과 함께 브라질에 도작했다. 상파울루에 도착하자마자 그 부부는 벤데도리스(Vendedoris)를 시작했다. 이는 한국말로 행상이라는 뜻이다. 한국 사람들이 경영하는 제품 도매상에서 옷을 받아서 브라질 사람들의 집집마다 방문하며 파는 것이다.

백선도 씨 부부는 아주 인상이 좋은 신사 숙녀일 뿐만 아니라 10년 전에 이민 온 사람들보다도 포르투갈어를 훨씬 더 잘했다. 그들은 한국에서 갖고 온 돈과 1년 동안 열심히 행상을 해서 번 돈으로 작은 옷가게를 열었다. 약 3년 후 상파울루 시에 쇼핑센터가 처음 생겼는데 작지만 깨끗하고 알차게 사업하는 그가 좋은 위치를 얻었다. 깨끗하고 멋있게 사업하는 그는 당국의 신임을 얻었다. 하나로 시작한 가게가 머지않아 둘, 셋으로 확장되었다. 뿐만 아니라 자녀에게 사업에 대한 훈련을 잘 시켰다. 대학을 마친 후에 아들은 상파울루 시에서, 딸은 결혼하면서 뉴욕에서 사업을 크게 하면서 지금은 거부가 되었다.

그의 가정은 사업에 성공했을 뿐만 아니라 신앙적으로도 많은 은혜를 받았다. 얼마 후에 백선도 형은 소천하셨다. 그러나 브라질에 와서 교회에 다니며 예수님을 영접하고 필자를 통해 세례를 받은 후 주님의 부르심을 받았다. 독실한 신자인 미망인 박인선 권사는 자녀와 함께 계속 사업을 하면서 교회에서 열심히 봉사하며 선교에도 많은 후원을 하신다. 백씨 가정은 이민 생활이 어렵다는 것을 미리 각오하고 언어를 미리 준비함으로써 사업에 최고로 성공한 이민자 중의 한 사람이 되었다. 이민이란 영화에서 보는 것처럼 화려한 것이 아니고 대단히 어렵다는 마음의 자세를 갖고 그 나라 말을 미리 공부하는 것이 바로 이민 성공의 비결이다.

꿈 따라, 사랑 따라, 사명 따라

상파울루
한인 연합교회

남미에서는 브라질 이민이 제일 먼저 시작되었고 브라질에서는 한국인 교회 중에서 상파울루 한인 연합교회가 제일 먼저 생겼다. 이 교회는 1964년에 초대 이민자들이 한 가정에서 모여 예배를 드림으로 시작되었다. 1966년에 한경직 목사가 목회자 수련회 강사로 아르헨티나(Argentian)에서 집회를 마치고 돌아오는 길에 브라질에 들렀을 때였다. 그때는 마침 여러 사람들이 연합교회를 떠나 중앙 성결교회라는 이름 하에 따로 모여서 예배를 드리기 시작할 때였다.

갈라진 두 그룹을 다시 합하기 위해서 도와 달라는 간청을 받

상파울루 연합교회 10주년 기념(딕시 래스트 사모와 함께, 1975년)

고 한경직 목사는 설교와 지도자 회의를 통해서 애쓰셨다. 그러나 다시 합하지 못하였다. 귀국 후 다음해에 한경직 목사의 추천으로 한국의 통합 장로교단 총회에서 파송된 김계용 목사가 연합교회의 초대 목사로 왔다. 당시 연합교회는 벌써 약 150명의 교인이 있었고 1972년 그가 떠날 때는 약 300명이 모였다. 당시 해외 한인교회 중 세계에서 가장 큰 교회로 교인들은 벌써 여러 곳에서 선교사역을 활발히 하고 있었다.

포르투갈어는 하지 못하지만 일본말을 할 줄 아는 초대 한인 이민자는 일본 사람들이 주로 사는 자유구역(Bahiro Liberdade) 안에 정착하였다. 일본 사람을 통해서 아파트도 얻고 의사와 변호사를 찾고 여러 사업을 시작하면서 브라질에 정착하였다.

근면하고 적응력이 강한 한국 사람들은 여러 방면으로 이민 생활에 성공했다. 특히 제조업에서는 전 남미에 알려질 정도로 성공했다. 브라질은 물론 전 남미 제품의 본산지로 알려져 있는 루아 오리엔트(Rua Orient) 지역은 약 30년 전까지 유대인들의 상권 하에 있었다. 그러나 오늘날은 한국 사람들이 완전히 그 상권을 장악하고 있다.

우리가 선교하는 동안에 한인 교포사회는 신파와 구파로 갈라져서 심하게 싸우고 있었다. 그런데 양쪽의 지도자들이 거의 전부 연합교회 장로와 집사들이었다. 이 두 파의 정치적 싸움은 우리가 브라질에 도착하기 전부터 있었고 우리가 브라질을 떠난 1979년 이후에도 계속되었다.

내가 그 교회를 담임하는 동안 중요한 일이 세 가지 있었다. 하나는 직장에서 일하는 어머니들을 돕기 위해서 '연합 어린이 동산' 이라는 탁아소를 시작했다. 둘째로는 브라질에 있는 모든 한인 교회들을 모아 한인 교회 연합회를 조직하고 여러 사업을 진행했다. 셋째로, 전 한인 교포를 위한 연합 수양관 대지를 구입하였다. 오염이 심한 상파울루 시에 사는 한국 사람들에게는 대단히 중요한 일이었다. 그러나 신파, 구파의 싸움으로 연합사업을 할 때 퍽 힘들었다. 한국 정부를 반대하는 사람들은 신파요, 옹호하는 사람들은 구파였다.

당시 한국은 박정희 대통령 정권 하에 있었다. 박 대통령은 한국전쟁으로 도탄에 빠진 한국 경제를 크게 부흥시킨 잊을 수 없는 지도자였다. 그러나 이민자들에 의하면 당시 한국 정부는 이민에 대한 정책이 근시안적이었고 이민 떠나는 사람들을 제대로 돕지 못했다는 것이다. 뿐만 아니라 부패한 정부관리는 뇌물을 받으며 이민 수속을 더 어렵게 했다. 당시 빈손으로 어렵게 이민 온 사람들은 주로 신파가 되고 경제적인 여유가 있고 앞으로 조국을 방문할 생각을 하는 사람들은 주로 구파에 속했다.

이러한 정치적인 혼란 속에서 목회한다는 것은 보통 일이 아니었다. 교회를 위해서 눈물을 많이 흘리며 고생하던 김계용 목사는 영락교회로 떠나가 버렸다. 가톨릭 나라인 브라질은 기독교 목사를 한국에서 초청하는 데 3, 4년의 시간이 걸렸다. 따라서 이 어려운 교회를 내가 임시로 맡았다. 미국에서 공부하고 미국 교회에서 특별한 어려움 없이 목회하다가 이처럼 어려운 이민 교회를 목회한다는 것은 나에게 큰 도전이었다. 반면에 훗날 미국의 이민 교회 목회를 위해서는 유익한 경험이 되었다.

뱀과 같이 지혜롭고 천사와도 같이 친절한 김계용 목사는 어떻게 되어 구파 목사로, 순진한 나는 신파 목사로 몰렸다. 언어 공부를 마치고 1968년에 상파울루 시에 이사 왔을 때 교회의 서리 집사였던 교민회장을 만나게 되었다. 김 회장은 포르투갈어를 유창하게 말하며 능숙한 외교로 많은 사람들의 영주권 문제를 해결해 주었다. 그는 상당한 지도력을 가지고 있었다.

그런데 한 가지 큰 문제가 있었다. 그는 대인관계가 퍽 어려운 사람이었다. 김 회장은 자기의 의견과 맞고 자기의 비위를 맞추는 사람들은 잘 대해 주고 의견이 맞지 않는 사람들은 전적으로 적대시했다. 그래서 한인 사회는 신파와 구파로 갈라져 크게 반목하고 있었다. 나는 그가 하나님의 은혜로 변화된다면 문제가 다 해결될 것이라고 보았다. 사람을 변화시킨다는 것은 사람의 힘으로는 될 수 없고 하나님의 힘, 즉 성령의 힘으로만 할 수 있는 것이다. 그런데 하나님은 우리 사람들을 통하여 역사하신다. 우리가 교회에서 항상 말하는 하나님의 사랑으로 기도하며, 그가 새 사람이 된다면 두 파의 싸움은 곧 끝날 것이라고 믿었다.

하루는 김 집사와 함께 식당에서 식사를 마친 후 사랑을 보여주는 의미에서 내가 식사비를 지불하기로 했다. "목사님이 식비를 낸다는 것은 말도 안 됩니다." 김 회장은 이렇게 말했지만 내가 식비를 지불했다. 이 광경을 본 그 식당 주인은 이해할 수가 없었다. 그 주인도 우리 교회의 집사였다. 후에 알게 되었지만 그는 구파의 지도자 중 주요인물이었다. 뿐만 아니라 그 식당은 구파 지도자들이 자주 모여 식사하면서 전략을 세우는 곳이었다. 아마도 김 회장과 식사하고 식사비를 지불하는 순간부터 내가 신파 목사가 된 것이 아닌가 생각된다.

신파, 구파의 치열한 싸움 속에서도 연합교회 교인들은 잘 모이고 헌금을 잘 바치고 선교와 교회행사에 열심을 다하는 아름다운 성도들이었다. 특별히 여전도회가 어려운 시기에 목사님들을 잘 받들고 중요한 역할을 하였다. 반면에 제직들 중에는 하나님을 전혀 두려워할 줄 모르는 패역한 사람이 많았다. 전도하는 데 크게 걸림돌이 되는 사람들이었다. 다행히도 그중에는 주님을 진심으로 사랑하는 고 김성달 장로와 정학건 장로, 이중화 장로 같은 훌륭한 사람들도 많았다.

또 한 가지 감사한 것은 오랫동안 신파, 구파가 치열하게 싸웠음에도 교회가 갈라지지 않고 꾸준히 발전한 것이다. 시간이 가면서 당파 싸움도 점차적으로 사라졌다. 1989년에 젊은 김요환 목사가 부임한 이래 오늘날까지 연합교회는 안정되고 1,000명이 넘는 교세를 가진 교회로써 아직도 많은 선교를 하고 있는 자랑스러운 교회 중의 하나이다.

꿈 따라, 사랑 따라, 사명 따라

눈물 바다로 만든
밥 피어스(Bob Pierce)
박사의 설교

1978년 어느 날, 전연 기대하지 않았던 사람에게서 전화가 왔다. 그 사람은 바로 선명회 월드 비전과 사마리아인의 주머니(Samaritan Purse)의 창설자로서 6·25 한국전쟁 당시 한국에 크게 공헌한 선교사 밥 피어스(Bob Pierce) 박사였다. 상파울루 중심가에 있는 쉘턴 호텔(Shelton Hotel)에서 걸어온 전화였다. 내용인즉 자기가 휠체어(wheel chair)를 타고 세계 일주 선교여행 중인데 우리 부부를 그 호텔에 초청하여 저녁 식사를 대접하고 싶다는 것이었다.

우리 부부가 호텔에 도착했을 때는 서로 잘 아는 다른 두 선교사 부부들이 벌써 와 있었다. 서로 인사를 나누고 대화를 시작하면서 우리들은 한 가지를 물었다. "밥 피어스 박사님, 목사님은 유명한 사람이니까 우리가 잘 알지만 박사님은 어떻게 우리의 이름을 알고 초청했습니까?" 이 질문에 그는 다음과 같이 대답했다.

"여러분의 이름을 이곳에 오기 전에는 몰랐습니다. 이곳에 도착한 후 선교사들 중에서 여러분들 세 부부를 선택했습니다. 일선에서 선교하며 수고하는 여러분들은 오늘 저녁에 나의 손님이자 이 돈을 보낸 미국의 어떤 교회의 성도들의 손님입니다. 일평생 선교사로 지낸 나는 선교사들의 경제 사정을 잘 압니다. 선교사로서 음식점에 가시면 으레 음식 값을 먼저 보게 되지요.

그러나 오늘 저녁은 메뉴의 음식 값은 보지 말고 무엇이든지 드시고 싶은 대로, 제일 맛있는 음식을 시키십시오! 이번 여행을 떠나기 전에 미국의 한 교회에서 설교한 후 그 교인들에게 만일 일선에서 수고하는 선교사가 이 교회에 왔다면 여러분들은 얼마나 그 선교사들을 대접하고 싶을 것입니까? 내가 이제 일선의 선교사들을 방문하기 위하여 세계 일주 여행을 떠납니다. 나를 통해서 선교사들을 대접하고 싶은 성도들은 나에게 헌금을 해주십시오 하면서 헌금 주머니를 돌렸습니다. 이렇게 모금한 돈으로 여러분들을 대접합니다. 그러니 이 저녁 식사를 마음껏 즐기시기 바랍니다.

또한 나는 지금 백혈병의 중환자로 죽기 전에 세 번째 세계 일주를 하는 중입니다! 내 담당의사는 여행을 못하도록 막았지만 미국에서 죽을 생각은 없고 여행하다가 외국에서 선교사로 죽기 위해서 세 번째 세계여행을 떠났습니다."

우리가 그와 함께 식사를 한 것은 밥 피어스 박사가 백혈병 말기로 별세하기 바로 3개월 전의 일이었다. 그때 그는 매일 여러 가지 약을 스물네 알씩이나 복용하며 자신의 비서 도움으로 휠체어를 타고 남미를 여행하는 중이었다. 육신적으로는 지극히 연약했지만 영적으로는 대단히 강한 신앙의 거인이었다. 이와 같은 믿음의 용사와 한자리에 앉아서 식사를 한다는 것은 대단한 축복이었다. 그의 입에서 나오는 한마디 한마디는 우리에게 너무나 큰 은혜가 되었다. 그를 연약하게 하는 병세를 알면서도 나는 그에게 다음 주일에 우리 연합교회에 와서 설교해 주시기를 요청했는데 그는 흔쾌히 그 요청을 수락하였다.

공교롭게도 그 다음날 주일은 6월 25일이었다. 그때 브라질에 이민 온 우리 연합교회 교인들은 거의 전부가 6·25 전후에 이북에서 월남한 피난민들이었다. 예배 인도와 그의 설교 통역을 맡은 나는 예배 시간 전에 물었다. "피어스 박사님, 설교는 얼마나 길게 하시겠습니까?" 그는, "5분, 10분, 혹은 15분! 하나님께서 힘 주시는 대로 할 것입니다"라고 대답하셨다. 그런데 그는 놀랍게도, 물론 나의 통역을 포함해서, 무려 50분 동안이나 설교를 하셨다. 뿐만 아니라 그의 설교는 힘과 능력으로 꽉 차 있었다. 그날 교인들에게 얼마나 은혜가 되었던지 그의 설교로 연합교회는 눈물 바다가 되고 말았다.

나는 한국에서 그리고 미국에서 많은 부흥회를 참석하여 수많은 유명한 부흥사들의 설교를 들었다. 그런데 그와 같은 감격적인 광경을 본 것은 일생에 처음이었다. 물론 설교를 듣고 회개

상파울루 연합교회에서 설교하는 월드비전 창설자
밥 피어스 박사와 그의 설교를 통역하는 필자(1978년)

하며 혹은 감동을 받아 개인적으로 눈물을 흘리는 모습은 여러 번 보았다. 그러나 전 교인이 소리 내어 큰 음성으로 우는 것을 본 것은 그때가 처음이다.

그의 설교는 6·25 당시에 일어난 일에 대한 자기 체험담을 하나 하나씩 말하는 간증들이었다. 갑자기 비참한 한국전쟁을 당하게 된 사람들은 북한에서 남한으로, 서울에서 부산으로 물밀 듯이 피난을 가는 중이었다. 그 중 한 여인은 그 추운 겨울에 자기 품안에 안고 도망치던 아기를 더 이상 보살필 수가 없었다. 허둥지둥 무거운 발걸음을 옮기면서 자기는 죽어도 자기의 귀한 아기는 살려야겠다는 심정으로 자기의 겉옷으로 그 아기를 싸매서 큰 길 옆에 쌓인 흰 눈 위에 놓아 버렸다.

아마도 지나가는 미군들이 보고 그 아기를 돌보아주길 바라는 마음에서였는지도 몰랐다. 마침내 지프를 타고 지나가다가 이 광경을 본 밥 피어스 박사는 차를 멈추고 그 아기를 들어 안고 선명회 고아원에 데려다 키웠다는 이야기를 할 때였다. 지금까지 억지로 울음을 억제하던 교인들은 마치 미리 약속이나 한 듯이 단번에 울음이 터져 버렸다. 그야말로 그때 연합교회는 눈물의 바다가 되고 말았다.

29년 후 이 책을 쓰는 저자로서 나는 느끼는 바가 있다. 우리가 그 설교를 테이프로 녹음했더라면 한국전쟁이 얼마나 험하고 비참했었다는 것을 이해하지 못하는 오늘의 후세들에게 얼마나 도움이 되었을 것인가!! 내가 한국전쟁 직후 한국을 떠날 때와 오늘의 한국은 하늘과 땅의 차이다. 오늘날 훌륭한 한국으로 새롭게 건설된 배후에는 많은 사람들의 희생적인 피와 땀이 있었을 것이다. 다시는 6·25와 같은 전쟁이 일어나지 않도록 하기 위해서 일국의 국방 문제가 얼마나 중요한가 하는 것을 결코 잊어서는 안 될 것이다.

연합 수양관과 세계 선교

브라질에서 한국 이민자들을 상대로 선교하면서 한 가지 느낀 것이 있었다. 한국 사람들은 근면하여 브라질 이민은 성공적이라고 볼 수 있다. 그런데 한 가지 약점은 개인적으로는 우수하지만 합심해서 일하는 데는 여러 어려움이 있었다는 것이다. 1972년에 한인교회 연합회가 조직된 이래 회장은 1년직으로 각 교회 담임목사가 돌아가면서 맡았다. 이렇게 하여 모든 교회가 연합사업에 참여할 수 있도록 하였다. 한번은 연합회에 전혀 협조가 없었던 교회의 목사를 회장으로 선출했다. 연합회에 한 번도 참석하지 않던 그 목사는 딴 사람이 되었다. 1년 동안 회장으로 선두에 나서서 연합회를 위해서 열심히 헌신했다. 그런데 연말에 임기가 끝나면서 두 번 다시 발을 딛지 않았다. 그렇지만 몇몇 교회 목사들은 참으로 열심히 사업에 동참했다.

1975년이었다. 연합사업으로 우리는 수양관 대지를 구입하기로 했다. 당시는 가톨릭 나라인 브라질에 기독교 목사가 이민 오기가 힘들었다. 그러므로 목사가 부족한지라 교회가 분열되기 힘들었다. 따라서 오백 명이 넘는 연합교회 외에도 이삼백 명 교인을 가진 교회들도 있었다. 오염이 심한 상파울루 시에 사는 사람들에게는 공기 좋은 수양관이 절실히 필요했다. 연합회는 수양관을 사기 위한 자금이 필요했다. 회장은 여러 목사들과 상의한 후 나더러 브라질 돈 10만 크루제이로를 선교부에서 원조받으면 나머지 자금은 각 교회가 담당하겠다고 약속했다.

심한 오염 속에서 사는 한국 이민자들을 위해서 나는 전부터 기도하고 있었다. 미국 남장로교 선교부에 자금을 청구해 놓았다. 그 금액이 바로 10만 크루제이로였는데 그 자금이 허락되었다. 놀라운 성령의 역사였다. 선지자도 아닌 나에게 그렇게 정확한 액수의 자금을 주신 하나님께 나는 깊이 감사드렸다.

1975년 7월 28일 우리는 상파울루 시에서 리우데자네이루(Rio de Janeiro)로 가는 도중 42마일 지점에 있는 24알케이로스(576,000 평방미터)의 토지를 680,000크루제이로(US$ 83,950)에 구입했다. 이와 같이 좋은 위치에 있는 귀한 수양관을 살 수 있었던 것은 하나님의 놀라운 선물이었다. 열심히 협조한 상파울루의 한인교회 지도자들과 성도들이 자랑스러웠다. 그 중에서도 한인교회 김승만 목사와 대한성결교회 이석호 목

상파울루 연합교회 20주년 기념식에 참석한 전임 목사들
(필자, 김계용, 박선림, 1985년)

사, 중앙교회 안영근 장로와 서울교회의 이인길 장로, 연합교회의 이중화 장로, 박옥순 권사와 공정숙 권사가 선두에 나서서 열심히 도왔다.

연합회는 수양관 대지 개발을 착수하며 먼저 예배당과 숙소를 짓기로 했다. 그리고 그 넓은 땅을 각 교회에 분할하여 교인들의 휴양 집을 지을 수 있도록 했다. 그 이듬해는 한인사회에 필요한 묘지를 설치할 계획이었다. 그러나 아직도 신파와 구파의 갈등이 계속되었고 브라질에서 경제적으로 성공한 사람들이 미국으로 이주하면서 연합 수양관 사업이 제대로 진전되지 못했다. 또한 12년 동안의 브라질 선교를 마치고 우리도 1979년에 미국에 돌아가게 되었다. 따라서 연합 수양관 개발이 제대로 계속되지는 못했다.

1985년 우리 부부가 연합교회 20주년 기념식에 초청을 받고 브라질을 방문했을 때는 이미 연합 수양관 사업은 중단되어 있었다. 이때 1,000명 가까운 교인을 가진 연합교회는 미화 100만 달러가 넘는 자금으로 독자적으로 수양관을 지었다. 또한 3개의 큰 교회에서 각각 수양관을 지음으로써 상파울루에 있는 네 개의 한인교회가 모두 훌륭한 수양관을 갖게 되었다. 어려운 이민생활 속에서 한국 사람들만 할 수 있는 자랑스러운 일이라고 생각한다. 한편으로는 수백만 달러로 수양관을 짓는 대신 연합 수양관을 함께 사용하며 세계 선교를 함께하지 못한 것이 마음에 걸렸다.

한 가지 기쁜 소식은 한인교회에서 은퇴한 강성철 목사가 연합 수양관을 인수하여 브라질 교회를 상대로 열심히 선교사역을 감당하고 있다는 것이다.

꿈 따라, 사랑 따라, 사명 따라

나는 통합인가 합동인가?

1974년 어느 날 상파울루에 있는 모든 한인교회 대표들이 모인 연합회가 있었다. 선교에 대한 중요한 토의가 있었던 것이다. 나와 의견이 다른 사람이 있었다. 서울교회를 대표하는 김 장로였다. 그는 교회에서 열심히 봉사하며 개성이 아주 강한 사람이었다. 선교에 대해서 자기 뜻대로 되지 않고 나의 제안이 통과되자 이렇게 말했다. "황 목사님은 통합이기 때문에 잘 이해를 못합니다!" 회의가 끝난 후 휴식 시간에 나는 김 장로에게 그 말이 무슨 뜻인지 물었다. 김 장로는 여러 말로 열심히 설명하였다.

내용은 두 가지였다. 첫째로, 나는 서울의 영락교회 계통이기 때문에 합동이 아니고 통합이라는 것이다. 둘째로, 합동은 '칼'을 부인하고 통합은 '칼'을 믿기 때문에 통합이 잘못되었다는 것이다. 기독교의 핵심은 사랑인데 어떻게 '칼'을 믿는가? '칼'이란 전쟁을 말하는 게 아닌가? 그렇다면 내가 존경하는 한경직 목사가 전쟁을 믿는다는 것인가? 그런데 합동, 통합, 두 단어 모두 공히 분열하지 않고 하나라는 뜻이 아닌가?

1960년 신학교 재학 중 예배(chapel) 시간에 총장 제임스 에이 존스(James A. Jones) 박사가 학생들에게 말한 것이 기억 났다. 한국의 장로교단이 총회 중인데 지금 둘로 갈라질 염려가 있으니 다함께 기도하자는 것이었다. 그리고 빌리 그레이엄 목사도 절대로 갈라지지 않도록 간청의 전보를 한국으로 보냈다는 말이 기억났다. 그러나 한국에서 오래 떠나 있던 나로서는 합동과 통합을 구별할 수 없었다. 그리고 짐작한 대로 '칼'은 에큐메니컬(Ecumenical) 운동이라는 것을 후에 알게 되었다.

그리고 1977년 23년 만에 처음으로 한국을 방문하면서 한국 교회에 대해서 배우게 되었다. 나는 동심교회에서 열린 통합 장로교 총회에 참석했다. 내가 통합에 속해 있었다는 것을 처음으로 알았다. 이 총회는 옛날에 내가 미국에 유학가기 전에 알고 있던 한국 장로교가 아니라 통합 장로교단의 총회였던 것이다.

그리고 1977년 한국을 방문하던 중 영락교회에서 설교를 하였다. 그 다음 주일에 왕십리교회에서 설교했다. 이 교회는 통합이 아니고 합동에 속한 교회였다. 뿐만 아니라 당회장 서재신 목사는 합동교단의 지도자 중에서도 거물이라는 말을 들었다. 고등학교 동창인 오세철 목사가 "왕십리교회 강단은 황 목사가 아니면 절대로 설 수 없는 곳이다"라고 말했다. 나는 순진한 마음으로 "그것이 무슨 소린가?"라고 반문했다. 그의 대답이 통합 교회 목사는 절대로 합동 교회 강단에 설 수 없다는 것이었다. 나는 합동이 아니고 통합이었다.

전 내무부 장관
장경근 씨의 개종

장경근 씨는 이승만 대통령 시절에 내무부 장관을 지내다가 4·19 혁명 때 자유당이 무너지면서 다년간 일본에서 망명생활을 하다가 브라질에 이민 온 사람이었다. 1975년 9월에 나는 그의 4남인 장윤배 군의 결혼식 주례를 맡으면서 그를 만났다. 뿐만 아니라 그를 주님께 인도했다. 그는 중풍으로 휠체어를 타고 결혼식에 참석하였다. 결혼식 후에 그의 집을 방문하면서 불교 신자였던 그의 부인까지 예수님을 영접하게 되는 놀라운 성령의 역사가 있었다.

내가 그의 집을 처음으로 방문했을 때였다. 마치 성령께서 이

날을 만세 전부터 준비한 듯이 내가 이사야 53장 6절과 요한복음 1장 12절을 읽고 간단히 설명했을 때 그는 눈물을 흘리며 주님을 영접했다. 그는 말했다. "내가 일본에서 고독한 망명생활을 할 때 왜 아무도 이 좋은 복음을 이렇게 쉽게 전해 주는 사람이 없었던가?" 나는 그의 말에 하나님께 감사할 뿐이었다. 중풍으로 몸이 불편해서 교회에 나올 수 없는 그를 위해 나는 매주 한 번씩 집으로 방문하여 성경말씀과 기도로 신앙 성장을 도왔다.

나는 심방을 통해서 그의 부인이 헌신적인 불교 신자라는 것을 알았다. 그녀는 가정예배에 한 번도 빠지지 않고 참석하면서 설교를 열심히 들었다. 성경을 설명할 때마다 그녀를 배려해서 불교에 대해서는 조금도 손상되는 말을 하지 않았다. 실은 나의 심방 전도의 대상은 이미 신자가 된 장경근보다도 그의 부인이었다. 그러므로 조심스럽게 불교에 대한 존경을 표하면서 복음을 전했다. 실례를 들면 요한복음 14장 6절을 설명할 때 "불교는 고급종교의 하나지만……그러나 그 창설자 석가모니 자신이 '나는 신이 아니다!' 라고 말했습니다"라고 말하면서 오직 예수님만이 구세주라는 것을 부드럽게 설명해 주었다.

우리는 1979년에 선교를 마치고 미국으로 돌아왔다. 얼마 후에 브라질에서 편지가 오기를 장경근 씨의 부인이 예수님을 영접하고 교회에 나와서 "우리 집에 방문할 때 황문규 목사님이 불교에 관해서 한 마디라도 섭섭하게 말했으면 나는 오늘 이 자리에 나오지 못했을 것입니다"라고 말했다고 한다. 나는 하나님께 깊이 감사드리며 전도할 때 타 종교에 대해 극히 조심하며 사랑과 존경으로 말해야 된다는 것을 새롭게 느꼈다.

꿈 따라, 사랑 따라, 사명 따라

한국에서 나서 브라질과 미국에서 자란 우리 양딸

《대지》라는 책의 저자인 펄 벅(Pearl Buck)은 많은 훌륭한 책을 썼다. 그중에 혼혈아가 한국에서 당하는 어려움을 잘 묘사한 책이 있었다. 그 책을 읽은 우리 부부는 "아이를 하나 더 낳는 대신 이미 이 세상에 태어나 버림받은 아이를 데려다 키우는 것이 좋지 않을까?"라고 서로 의논한 일이 있었다. 이미 세 아이가 있었기 때문에 조심스럽게 기도하며 하나님의 뜻을 찾았다.

1971년 브라질에서 4년 선교를 마친 후에 미국에서 안식년을 보낼 때였다. 미국 장로교단의 선교대회에 참석하면서 우리는 세계 각국에서 선교하다가 돌아온 많은 동료 선교사들을 만나 반갑게 1주간을 보냈다. 리치먼드의 유니온 신학교에서 같이 공부하던 베츠 헌틀리(Betts Huntley) 목사 부부도 만났다. 헌틀리 목사는 선교사로 한국의 전주 예수병원에서 원목으로 사역하고 있었다. 그들이 자기 집 문 밖의 쓰레기통에 버려진 어린아이를 양자로 삼아서 키운다는 소식을 들은 바 있었다. 헌틀리 목사 부부는 자기들이 낳은 세 딸과 양자를 데리고 회의에 참석하였다. 오랜만에 만난 우리는 함께 즐거운 시간을 보내면서 자연히 입양에 대한 대화를 나누었다.

이미 세 아이가 있지만 우리도 한국에서 혼혈아를 하나 데려다 키울까 생각하며 기도하는 중이라고 말했다. 이 말을 듣자마자 헌틀리 부부는 "당신 가정에 꼭 맞는 아이가 한국에 있소. 우리가 가면 곧 보내겠소!"라고 말했다. 그리고 한국에 돌아가자마자 그 말을 행동으로 옮겼다.

몇 달 후에 홀트 입양 에이전트(Holt Adoption Agent)를 통해서 양딸을 우리에게 보내왔다. 지혜라는 이름을 가진 3세 여자 아이였다. 한국에 나와 있던 어느 미군과 한국 여자 사이에서 태어난 아이였다. 우리는 새롭게 도착한 양딸의 이름을 제인(Jane)이라고 부르기로 했다. 홀트 입양 에이전트의 알선으로 수십 명의 고아들이 전혀 알지 못하는 사람과 함께 밤 11시에 뉴욕의 JFK 공항에 도착하였다. 공항 출구에는 아이들을 입양할 많은 부모들이 초조하고 설레는 마음으로 일생에 처음 만나는 입양아들을 기다리고 있었다. 나도 그 양부모들 틈에 끼어 있었다.

수십 명의 고아들이 비행기에서 내리고 낯선 여행자들의 품에서 다시 낯선 양부모의 품으로 가면서 공항은 울음바다로 변했다. 우리 양딸 제인도 울면서 내 품에 안겼다. 16시간 먼 여행 중에 다소 낯이 익은 사람에게서 또다시 생소한 양부모에게 인계된다는 것은 어린이로서는 대단히 상처를 입을 만한 일이었다. 입양 사업에 크게 공헌한 홀트재단은 입양 가족들을 위해 뉴욕 근방에 사는 입양 부모들을 동원하여 거처를 마련해 주었다. 낯선 호텔에 가는 대신 제인과 나는 어떤 친절한 입양 '동문'의 집에서 그날 밤을 편히 지냈다.

다음날 아침 일찍 일어나 공항에 나가야 했다. 우리는 7시 비행기를 타기 위해서 아침 5시 전에 일어났다. 밤 늦게 도착하여 낯선 집에서 몇 시간 눈을 붙이고 다시 일찍 일어나야 하는 제인이 애처롭게 보였다. 깊이 잠든 제인을 깨우면서 이렇게 말했다. "제인아, 빨리 일어나서 집에 가서 어머니를 만나자." 이 말을 들은 제인은 마치 큰 아이처럼 눈을 비비며 단번에 일어났다.

우리는 뉴욕을 떠나 1시간 후에 리치먼드에 도착했다. 비행 중에 나는 새롭게 만난 딸 제인과 대화하려고 노력했다. 그러나 제인은 한 마디도 하지 않았다. 나는 다시 말했다. "제인, 비행장에서 어머니가 기다리고 있단다." 이 말을 들은 제인은 '어머니'라는 말 외에는 아무 관심도 없었다. 그 말을 들을 때마다 눈 한구석이 반짝이는 것 같았다.

나의 품에 안겨 비행기에서 내리면서 제인은 눈에 불을 켜고 어머니를 찾았다. 아내는 세 아이를 데리고 일찍부터 비행장에

양딸 제인이 우리집에 왔을 때(1972년)
(앞줄부터 멜린다(2세), 제인(3세), 폴(4세), 데이빗(7세))

나와서 설레는 마음으로 기다리고 있었다. 나는 제인에게 딕시를 가리키며 "제인, 저기 있는 네 어머니를 봐라!"고 말했다. 아내가 흥분된 얼굴로 달려와 양딸을 품에 안으려 하자 제인은 거절했다. 학수고대했던 어머니가 아닌 백인 어머니를 보자마자 아이는 있는 힘을 다해서 얼굴을 돌려 버렸다. 자기를 낳아 준 까만 머리의 어머니가 아닌 금발의 백인여자를 봤을 때 얼마나 실망했겠는가? 36년이 지난 후 오늘날도 제인은 그 아침의 쓰라린 경험을 잊지 못한다.

　우리 양딸 제인이 미국에 도착하자마자 우리의 안식년이 끝나서 우리는 곧 선교지인 브라질로 돌아가야 했다. 따라서 제인은 미국 시민권을 받을 시간이 없었다.

우리가 뉴욕을 떠나 브라질 상파울루 공항에 도착하여 세관을 통과할 때였다. 우리 부부와 맏아들 데이빗은 미국 여권을, 브라질에서 난 폴과 멜린다는 브라질 여권을, 한국에서 온 양딸 제인은 한국 여권을 가지고 세관을 통과했다. 담당 세관은 우리 가족을 혼동하여 두 번 세 번 다시 세워 놓고 우리의 여권을 확인하면서 "당신들은 참으로 U.N. 가족입니다!"라고 말했다.

자랑 같지만 아내 딕시는 성격이 온유하고 현명하고 믿음이 좋을 뿐만 아니라 아이를 대단히 좋아하는 사람이다. 결혼 전에 딕시가 이렇게 말한 적이 있었다. "만일 당신이 목사가 아니고 사업가로 돈을 많이 번다면 나는 여섯 명을 낳고 싶어요." 그러나 많은 상처를 입고 온 세 살배기 제인을 키운다는 것은 쉬운 일이 아니었다. 제인이 우리 집에 왔을 때 이미 우리가 낳은 아이들의 나이는 2세(Melinda), 4세(Paul), 7세(David)이었다. 나는 교회에서 바빠 지냈고 딕시는 양딸 제인을 포함해서 2, 3, 4, 7세 난 아이들을 키우느라고 많은 수고를 하였다. 고아원에서 자라며 사랑에 굶주린 제인에게는 특별한 사랑이 필요했다. 아이가 전혀 없는 집이나 막내로 입양되어야 할 아이였다. 사랑에 굶주린 제인은 부모의 사랑을 독차지하기 위해서 애썼다. 따라서 우리 막내딸 멜린다의 자리를 빼앗으려고 온갖 노력을 다했다.

하루는 두 살짜리 막내딸인 멜린다가 부엌에서 무엇을 먹고 있었다. 제인은 서투른 영어로 어머니에게 "멜린다가 먹는 것을 달라"고 말했다. 무엇을 먹는지 알지 못한 아내는 "그것이 무엇이냐?"고 물었다. 제인은 멜린다에게 입을 벌리라고 했다. 그의 입에서 씹고 있는 캔디를 가리키면서 "저것을 달라"고 말했다. 아내는 캔디 박스를 제인에게 주면서 "네가 먹고 싶은 대로 무엇이든지 찾아 먹어라"고 말했다. 그러나 제인이 원하는 것은 어떤 종류의 캔디가 아니라 다만 멜린다가 먹는 그것을 먹고, 멜린다처럼 말하고, 멜린다가 하는 대로 흉내내는 것이었다. 막내딸의 자리를 빼앗는 것이 유일한 생의 목표였다. 그가 필요한 것은 모든 사랑을 독차지하는 것이었다.

우리는 제인을 특별하게 대함으로써 다른 아이들을 희생시키느냐, 아니면 네 아이 중 하나로 자연스럽게 대하느냐 결정해야 했다. 전문가의 상담을 통해서 우리는 후자를 택했다. 제인을 특별히 대한다고 할지라도 이미 상처받은 아이가 완전히 회복된다는 보장이 없었다. 우리가 낳은 세 아이들을 희생시키는 것은 옳지 않다고 판단했다.

제인을 키우는 데 대해서는 지면상의 제한으로 더 자세히 쓰기 힘들다. 다만 세 살 때 미국에 온 제인은 선교지로 돌아가는 부모를 따라 브라질에 가서 열한 살까지 잘 자랐다. 1979년에 선교를 마치고 우리 가족은 10세, 11세, 12세, 15세 난 네 아이들을 데리고 미국에 돌아왔다.

브라질에서 태어난 폴과 멜린다는 물론이고 브라질에서 자란 우리 네 아이들은 미국에서 공부할 때 어려워하기도 했다. 친부모에게 버림받아서 그런지 제인은 늘 분노하고 있었다. 그 상처의 화풀이를 할 수 있는 대상자는 아무 죄 없는 양부모인 우리였다.

부모로서 우리의 소원은 아이가 열심히 공부하는 것이었다. 이것을 알아차린 제인은 화풀이의 유일한 무기로서 공부를 하지 않았다. 그래서 우리 세 아이들은 큰 공립학교에 다녔지만 제인은 작은 기독교 사립학교에서 수업료를 내면서 고등학교를 마쳤다.

그 후 주립 초급대학을 마치고 신앙 좋은 청년과 결혼하여 지금은 귀여운 두 딸을 낳고 필라델피아 근처에서 잘 살고 있다. 그런데 첫 아이를 낳고 몇 달 후 제인에게 전화가 왔다. 제인은 어머니에게 "나는 이렇게 아이 하나 키우기도 힘든데 어떻게 어머니는 넷을 키웠습니까?"라고 물었다. 그 후 제인은 달라졌다. 우리와 대단히 가까워진 것이다. 지금은 부모의 생일날 제일 먼저 생일 인사를 하는 아이가 제인이다. 또한 제인은 최근 자기 생모를 찾기 위해 노력하고 있다.

입양아를 키운다는 것은 그리 쉬운 일이 아니다. 다만 하나님의 자비와 은혜로 잘 키울 수 있었다. 우리는 양딸을 키우면서 미국의 입양 부모들을 많이 만났다. 또한 많은 아이들이 한국에서 입양 오는 것을 보았다. 비참한 6·25 전쟁을 내가 겪었으니 사랑하는 아이를 고아로 내놓을 수밖에 없는 우리나라의 딱한 사정도 이해가 되었다. 그러나 지금은 많이 달라졌다. 한국은 여러 면으로 발전되고 특히 경제적으로는 세계 11대 경제 대국이 되었다. 뿐만 아니라 우리 한국은 놀라운 복음의 축복을 받았다. 세계의 25개 대형교회 중에 11개를 가진 나라가 되었다. 미국 다음으로 가는 세계선교의 대국이 되었다. 우리는 이제 말로만 선교하는 것이 아니라 실생활에서 선교하는 나라가 되어야 할 것이다. 왜 아직도 많은 고아들을 계속 외국에 수출해야 하는가? 한국의 고아는 한국 사람들이 맡아서 해결해야 한다.

약 15년 전 펜실베이니아 주 해리스버그에서 목회할 때였다. 우리 집 바로 옆에 루터란 교회의 목사가 살고 있었다. 그 목사 부부에게는 세 아들이 있었다. 맏아들은 자기들이 낳은 건전하고 잘생긴 고등학교 학생이었다. 그리고 어린 두 아들은 한국에서 입양해 온 아들들이었다. 그런데 이 양자들은 둘 다 장애인으로 특별 학교에 다녔다. 한 아이는 남의 도움 없이는 혼자서 걷기도 힘든 아이였다.

하루는 그 목사에게 물었다. "보통 건강한 입양아들도 키우기가 힘든데 어떻게 장애인을 입양하셨습니까?" 그 목사는 이렇게 대답했다. "우리는 남들이 원치 않는 고아들을 입양했습니다." 나는 그 목사를 다시 바라보았다. 세상에 이런 사람도 있구나! 마태복음 25장의 예수님 재림 시에 모든 민족을 분별하여 심판하실 때 하시는 말씀을 기억나게 하였다. 오른 편에 있는 축복 받을 사람들에게는 이렇게 말씀하실 것이다. "너희가 여기 내 형제 중에 지극히 작은 자 하나에게 한 것이 곧 내게 한 것이니라"(마 25:40). 또한 왼편의 저주받을 사람들에게는 이렇게 말씀하실 것이다. "내가 진실로 너희에게 이르노니 이 지극히 작은 자 하나에게 하지 아니한 것이 곧 내게 하지 아니한 것이니라"(마 25:45).

꿈 따라, 사랑 따라, 사명 따라

나는 미국인 아내와 이렇게 싸웠다

제5부 브라질 선교

1971년 7월에 우리는 일생에 잊을 수 없는 부부 싸움을 하였다. 내가 교회에서 일을 마치고 집에 돌아왔을 때였다. 브라질의 7월은 무더운 여름이 아니라 추운 겨울이었다. 겨울이라 하지만 반 열대기후인 상파울루는 눈도 오지 않고 얼음도 얼지 않는다. 그러나 브라질 사람들에게는 퍽 쌀쌀하다. 나는 이민사회를 상대로 선교하면서 상파울루 연합교회의 청소년들을 상대로 복음을 전하고 있었다.

이민자들은 낯선 땅에 와 언어와 문화의 장벽 속에서 가족을 데리고 정착하는 것이 얼마나 힘든지 잘 알고 있다. 따라서 역경 속에서 열심히 생활하는 동포들을 격려하며 복음을 전한다는 것은 대단히 보람 있는 생활이었다. 즐거운 마음으로 열심히 복음을 전하다 집에 돌아가면 아내와 귀여운 아이들이 함께 반갑게 맞아주었다. 나는 참으로 너무나 많은 은혜를 받은 행복한 사람이었다.

그러나 이날은 달랐다. 돌아왔을 때 항상 천사와 같이 친절하던 아내는 한마디 말도 없었다. 저녁 식사는 여전히 깨끗이 준비되어 있었다. 그러나 아내는 내 눈을 피하면서 말 한마디 없었다. 처가댁에서 좋지 못한 소식이 왔는가? 아니면 아이들한테 무슨 문제가 생겼나? 걱정하면서 몇 번이나 물었지만 대답이 없었다. 아이들도 어깨를 한번 들썩이더니 모른다고 대답했다.

무언가 단단히 잘못되었다는 것을 느꼈다. 아내가 이렇게 무언으로 대하는 것은 일생에 처음이었다.

어떻게 해결할 방법이 없었다. 이러한 문제의 해결법은 신학교에서도 가르쳐 준 적이 없었다. 나는 대화하려던 노력을 포기하고 말았다. 이와 같은 무언의 냉전은 우리 부부 사이에 3일 동안 계속되었다.

바로 그때 우리 가족이 다니는 상파울루의 미국인 교회 메트로폴리탄 채플(Metropolitan Chapel)에서 며칠 동안 특별 집회가 있었다. 집회 중에 토요일 점심 식사로 그 교회 담임목사와 강사 목사를 우리 집에서 대접하기로 약속되어 있었다. 약속 시간에 담임목사인 러셀 쉐드 박사와 영국에서 온 강사 존 헌터 박사가 우리 집으로 왔다.

두 손님이 우리 집에 들어오자마자 아내는 깨끗이 정리된 응접실로 모시고는 웃음으로 친절하게 영접하였다. 뿐만 아니라 나에게도 마치 아무 문제가 없었던 것처럼 친절하게 대해 주었다. 나도 아무 문제가 없었던 것처럼 아내를 대했다. 우리는 좋은 음식을 귀빈들에게 대접하면서 마치 서로 약속한 듯이 다정한 부부로 행동하는 데 성공했다. 영국의 유명한 시인 셰익스피어는 "세계는 무대요, 인간은 마치 그 무대에서 연극하는 배우와도 같다!"고 말한 것이 기억났다. 우리는 연극을 한 셈이다. 그야말로 훌륭한 연극이었다.

아내는 거기서 끝나지 않았다. 두 손님이 간 후에도 계속 나에게 정상적으로 대해 주었다. 그 손님들 덕택에 마치 아무 문제가 없었던 것처럼 정상적인 관계로 복귀했다. 며칠 후 아내에게 냉전의 원인에 대해 물었다. 그녀는 이렇게 대답했다.

"당신은 영어와 포르투갈어는 물론이고 한국어로 교회에서 신나게 복음을 전하지만 정반대로 나의 생활은 대단히 어렵습니다. 당신이 하나밖에 없는 차를 몰고 집을 나가면 나는 하루 종일 이 집에 갇혀서 세 아이와 지내야 합니다. 영어로 대화할 친구도 없이 너무 고독해서 미국에 돌아갈 생각만 나고 죽고 싶은 때도 있었습니다." 아내는 너무 힘들어서 자기도 모르게 그렇게 무언으로 자기 심정을 표현한 것이었다.

이 말을 들은 나는 깜짝 놀랐다. 아내의 사정을 너무나 몰랐던 것이다. 나는 마치 교회와 결혼한 사람처럼 교회에서 살다시피 하면서 아내를 너무나 등한히 한 것을 깊이 뉘우쳤다. 나는 유모를 구해서 아이를 맡기고 당장 다음주에 아내와 여행을 떠났다. 단둘이 리우데자네이루의 호텔에서 조용히 지내며 데이트를 하였다. 그 후부터는 2주에 한 번씩 목요일 저녁에 아내와 조용한 음식점에서 다정하게 식사하면서 데이트하기 시작했다. 첫째 목요일과 셋째 목요일 저녁에는 긴급사항 외에는 일정을 잡지 않기로 했다. 물론 100% 실천은 못했다. 그렇지만 그와 같은 어려움은 오늘날까지 다시 생기지 않았다.

나는 이 체험을 통해서 귀한 교훈을 얻었다. 하나님은 우리 인간을 모든 피조물 중에서 최고의 걸작으로 창조하시되 남자와 여자를 창조하셨다(창 1:27). 그리고 제일 먼저 하신 것이 바로 축복하신 것이다(창 1:28). 그런데 이 축복을 사람과 사람 사이의 관계를 통해서 받도록 하셨다. 즉 수직적으로는 하나님과 바른 관계를 가지고 수평적으로는 이웃과 바른 관계를 가짐으로써 하나님의 축복을 받도록 하신 것이다.

수평적 관계에서 제일 가까운 이웃은 당연히 남편, 아내가 아닌가? 그렇다면 제일 중요한 것이 하나님과의 관계이고 다음에는 배우자와의 관계인 것이다. 제일 가까운 이웃인 아내를 제대로 사랑하지 못하면서 어떻게 먼 이웃을 사랑할 수 있을까? 어떻게 복음을 전할 수 있겠는가?

꿈 따라, 사랑 따라, 사명 따라

23년 만의 감개무량한 조국 방문

1977년 23년 만에 처음으로 한국을 방문했다. 한국전쟁이 막 끝나면서 1954년에 한국을 떠나 미국에 온 지 만 23년 만에 처음으로 그리운 조국을 방문하게 된 것이다. 내가 졸업한 대광고등학교에서 창립 30주년 기념식을 맞아 모교를 빛낸 동문의 한 사람으로 나를 초청하였다. 훌륭한 대광 동창들이 많은데 이런 영광을 주신 하나님께 너무나 감사할 뿐이었다.

53년 전에 미국에 유학 갈 때는 미국의 노스웨스트 항공 편으로 한국을 떠났다. 이번에 한국에 올 때는 한국의 항공기인 대한항공을 타고 왔다. 한국은 23년 동안 너무나 많이 변했다. 공중에서 한국 옷으로 깨끗이 단장하고 서비스하는 한국 아가씨들이 얼마나 예쁘고 아름답던지!

아내와 함께 김포공항에 내렸다. 이것이 나에게는 23년 만에 방문하는 조국이요 아내에게는 일생 처음으로 보는 나라였다. 너무나 한국이 그리워서 공항에 내리자마자 조국의 땅에 몇 번이나 입을 맞추었다. 물론 직접 얼굴을 땅에 대고 한 것은 아니고 마음속으로 했다. 대광고등학교 교장인 이창로 선생과 동창회 회장인 고 김창준 동문을 비롯해서 대광 2회 동창인 김철우 장로, 박형종 박사, 석세일 박사, 오세철 목사, 최병칠 목사, 홍달천 장로의 환영을 받을 때 너무나 기쁘고 감개무량해서 눈물을 감출 수가 없었다.

특별히 내가 존경하는 한경직 목사님을 만나 식사를 같이하고 그 다음 주일에 영락교회에서 설교를 하게 되었다. 내가 옛날 월남 직후 고학하면서 월남하시기로 약속한 부모님을 만나기 위해 기다리며 매주 다니던 영락교회! 그리고 한경직 목사님은 23년 전에 홍달천, 백선일과 함께 미국 유학을 떠나는 우리 세 사람을 기도로 축복해 주셨다. 이렇게 뜻깊은 영락교회 강단에 서서 설교하는 것은 크나큰 영광이었다. 여기 나의 부모님이 계셨더라면 얼마나 더 좋았을까!

1954년의 한국과 1977년의 한국은 너무나 놀랍게 많이 변화되었다. 시청 앞에서 광장을 건너 시청사를 바라볼 때 마냥 신기하기만 했다. 학생 시절에 시청 앞을 지날 때는 그 건물이 서울에서 제일 큰 건물 중의 하나였는데 왜 지금은 이렇게 작아 보일까? 신기한 느낌으로 주위를 바라보면 그 이유를 알 수 있다. 주위에 고층 건물이 많이 생겼기 때문에 자연히 시청 건물이 작게 보이는 것이었다. 23년 전에는 아무 건물도 없는 허허 벌판이었다. 여의도에 있는 순복음교회에서 조용기 목사를 만나고 그 주위에 있는 국회의사당을 비롯한 여러 고층 건물들을 바라보면서 또 한 번 신기하고 감개무량했다.

기독신문사 사장인 최창근 장로의 소개로 기독교 실업인들이 주최하여 외국인 손님들에게 무료로 산업시찰을 시켜 주는 일정에 참여하게 되었다. 학생 시절 기독교인 국회의원으로 나의 존경하는 멘토였던 황성수 목사께서 기독실업인회를 대표해서 우리 일행을 안내해 주셨다. 그의 친절한 안내를 받으면서 우리는 여러 나라의 외국 손님들과 함께 전국의 명소를 관광했다.

6 · 25 당시 사정없이 퍼부은 폭격으로 파괴된 벌거숭이 산들은 파란 나무로 아름답게 장식되었고 고속도로 양쪽에 있던 초라한 초가집들은 변하여 아름답게 단장되어 있었다. 깨끗하게 단장된 경부고속도로를 버스로 달릴 때 나의 미국인 아내는 "한국은 참 아름다운 나라입니다!"라고 말했다. 나는 대단히 기뻤고 한국 사람으로서 자부심을 갖게 되었다.

열심히 노력하여 조국을 이렇게 훌륭하게 재건한 부지런하고 성실한 한국 사람들이 자랑스러웠다. 초가집을 다 없애고 이렇게 아름다운 나라로 만든 데 대해서 비록 독재자이긴 하지만 박정희 대통령이 자랑스러웠다. 우리는 관광을 계속했다. 포항의

대광고등학교 30주년 기념식 참석차
23년 만에 한국을 방문했던 필자 부부(1977년)

철강회사와 세계에서 제일 큰 울산 현대 조선소를 시찰할 때 너무나 감개무량해서 눈물을 금할 수가 없었다.

또 한 가지 기록해야 할 것이 있다. 브라질 연합교회에서 18명의 교인들이 나에게 편지와 함께 돈을 주면서 한국에 있는 자기의 가족과 친지, 교회에 전해 달라고 부탁했다. 당시 한국 정부는 외화에 대해 심하게 통제했다. 나는 현금을 가지고 한국에 입국하는 대신 로스앤젤레스에 들러서 은행에 입금시키고 한국에 와서 원화로 나누어 주었다. 이렇게 각자를 전화로 불러서 브라질의 소식을 전하며 편지와 돈을 분배하는 데 3일이 걸렸다.

나누어 준 돈의 총액이 약 2만 달러였다. 1977년에 2만 달러는 큰 돈이었다. 특히 한국의 경제 사정에서는 더 큰 돈이었다. 이번 경험을 통해서 느낀 바가 있었다. 한국은 될 수 있는 대로 많은 사람들을 이민 보내야 한다. 우리나라도 일본처럼 땅이 좁고 인구가 많으므로 이민을 장려시켜야 한다. 우리가 사는 이 국제화시대에 이민을 가면 본인들에게 유익할 뿐 아니라 국가적으로도 여러 면으로 크게 유리할 것이다.

브라질과 한국은 12시간 시차가 있다. 만일 상파울루 한국촌에서 직선으로 지구를 뚫는다면 아마 서울의 명동이 나올지도 모르겠다. 미국에 오래 살면서 항상 조국이 그리웠다. 그러나 브라질에서 사는 한국 이민자들은 고향 생각이 더 각별했다고 볼 수 있다. 우선 한국에서 LA를 거쳐 브라질에 올 때는 미국에 오는 것보다 두 배나 더 멀고 두 배의 시간이 걸린다. 그리고 교통뿐만 아니라 통신이 대단히 늦었다. 1967년에 브라질에 왔을 때는 전화를 구입하기가 대단히 힘들 정도였다. 전화를 사는 데 만 4년이나 걸렸다.

꿈 따라, 사랑 따라, 사명 따라

나는 볼리비아에서
죽지 않고 돌아왔다

1975년 3월에 나는 볼리비아 수도인 라파즈(La Paz)에서 1주간 부흥집회를 했다. 한국의 기후와는 반대로 볼리비아의 3월은 따뜻한 봄철이 아니라 가을이다. 그런데 해발 4,000m 높이의 안데스 산맥에 있는 라파즈 국제공항에 내렸을 때는 궂은 비가 내리다가 함박눈으로 변해 버렸다. 추운 겨울 날씨였다. 교회에서 마중 나온 목사님과 함께 차로 그 높은 공항에서 고산 중턱에 있는 수도 라파즈로 내려왔다. 기후는 밑으로 내려올수록 온화해졌다.

라파즈는 해발 약 2,000m에 위치하고 있었다. 세계에서 제일 높은 곳에 위치한 수도로 산소가 부족해서 고산병에 걸리기 쉬운 곳이었다. 한 가지 재미 있는 것은 중남미에서 축구시합을 하는데 외부에서 들어온 팀은 지금까지 그곳에서 한 번도 승리한 적이 없다는 것이다. 나는 하나님의 은혜로 고산병도 없이 조용덕 목사와 김사묵 장로를 비롯한 교인들의 따뜻한 환영과 사랑을 받으면서 1주일 동안 성령의 역사로 은혜가 넘치는 성회를 가졌다.

성회가 끝날 즈음 역사에 관심이 많은 나에게 한 가지 중요한 것이 있었다. 이곳에 도착하면서 그 유명한 잉카 인디언의 유적이 멀지 않은 곳에 있다는 것을 알게 되었다. 나는 라파즈에 도착하자마자 우편엽서를 집에 부치면서 집회를 마치고 잉카 유적을 관광하고 일 주일 더 있다가 돌아가겠다고 전했다. 당시에는 남미에서 국제전화가 되지 않았다. 만일을 생각해서 다음날 아침 엽서를 하나 더 아내에게 부쳤다.

엽서를 두 번씩이나 보내서 내가 일 주일 더 있다가 집에 간다는 것을 알렸으므로 평안한 마음으로 라파즈를 떠나 페루의 수도 리마(Lima)에 도착하였다. 그곳에서 하루를 묵고 다음 날 잉카의 수도인 쿠스코(Cuzco)에 도착하여 그 유명한 마추피추(Machu Piechu)를 비롯한 고대 잉카 인디언(Inca Indian) 제국의 유적을 잘 구경했다.

그 후 파라과이를 거쳐 무사히 상파울루에 도착하였다. 네 아이를 데리고 비행장에서 기다리던 아내는 눈물로 나를 맞았다.

내가 보낸 엽서는 한 장도 도착하지 않았다. 내가 도착하고 약 일 주일 후에야 도착했던 것이다. 브라질에서는 사람이 죽으면 법적으로 24시간 내에 매장하게 되어 있다. 오지 않는 남편을 기다리면서 일 주일 동안 아내는 두 가지 악몽에 시달렸다고 한다. 첫째는 남편의 시체가 어느 나라에 묻혔다는 소식을 가지고 나타난 경찰관의 모습이었다. 그리고 두 번째는 미국에 돌아가서 네 아이를 혼자 키우며 병원에서 일하는 자기의 처량한 모습이었다고 한다.

나는 그것도 모르고 가벼운 마음으로 잉카 인디언의 발자취를 더듬고 있었다. 여행하면서 마음속에 깊이 남은 인상이 있었다. 그것은 바로 믿을 수 없는 역사적인 사실이었다. 문화적으로 고도로 발달되고 375년(1197-1572) 동안 강대했던 잉카 인디언 제국이 어떻게 180명의 스페인 군대에게 그렇게 처참하게 패했을까? 이 책을 쓰고 있는 이 순간에도 그 신기함을 금할 수가 없다. 그 해답은 간단하다. 그 대국의 휴아나 카팩(Huayna Capac) 왕의 두 아들 아타휴알파(Atahuyalpa)와 휴아스칼(Huascar)이 왕위를 위해 심한 쟁탈전을 벌였기 때문이었다.

이 여행을 통해서 우리 한국을 생각할 수밖에 없었다. 내가 53년 전 조국을 떠날 때의 가난했던 한국과 오늘날 놀랍게 발전한 한국을 비교해 본다. 반쪽밖에 안 되는 남한이 세계 11대 경제대국이 되었다는 것은 놀라운 일이다. 만일 지하자원이 풍부한 북한과 기술적 노하우를 가진 남한이 분단되지 않고 통일된 국가였다면 오늘날 한국은 어떤 나라가 되었을까?

꿈 따라, 사랑 따라, 사명 따라

빌리 그레이엄 목사의 설교를 통역하면서

1979년 2월에 상파울루 시의 모름비(Morumbi) 광장에서 빌리 그레이엄 목사의 큰 집회가 있었다. 그는 전날 토요일 저녁에 전국적으로 모여든 청소년들에게 먼저 설교하였다. 그러므로 나는 그의 설교를 두 번이나 통역하였다. 주일 오후에 한 그의 설교는 포르투갈어, 중국어, 일본어, 한국어로 통역되었다. 물론 나는 한국어를 맡았다. 그의 설교를 통역하면서 나는 바로 6년 전, 1973년의 역사적인 여의도 광장에서의 빌리 그레이엄 집회를 연상했다. 백만 명의 군중 앞에서 빌리 그레이엄 목사의 설교를 그렇게 훌륭하게 통역한 김장환(Billy Kim) 목사의 모습을 연상하면서 나의 한국어가 너무나 부족하다는 것을 느꼈다.

미국에서 공부하고 미국 교회에서 목회하면서 한국어를 많이 잊어버렸다. 11년 전 브라질에 와서 한국어로 설교를 시작할 때 영어 설교를 한국말로 번역하여 설교하던 나였다. 따라서 유명한 그레이엄 목사의 설교를 통역한다는 것은 전적으로 하나님의 은혜요, 나에게는 큰 영광이었다.

주일 집회는 오후 2시에 하기로 되어 있었다. 그러나 상파울루 시는 원래 교통이 복잡한 곳이라 교통이 마비되어 집회는 두 시간이나 지연되었다. 우리는 대합실에서 빌리 그레이엄 박사와 함께 두 시간을 보냈다. 포르투갈어 통역을 맡은 브라질 목사는 전 집회의 총 책임자로 대단히 바빴다. 중국어와 일본어 통역을 맡은 사람들은 내성적이어서 그런지 별로 말이 없었다. 따라서 나는 혼자 두 시간 동안 마치 신문기자처럼 그레이엄 박사에게 여러 질문을 하면서 대화를 나누었다. 그 대화를 통해서 나는 두 가지 깊은 인상을 받았다.

첫째로 그와 함께 한 자리에 앉아 있는 것 자체가 나에게는 큰 축복이었다. 나는 그의 책을 많이 읽었고 그의 설교를 수없이 들었다. 나의 학생 시절과 목회생활 중에서 제일 큰 영향을 준 사람이었다. 그는 텔레비전을 통해서 보던 것보다 훨씬 더 키가 컸고 미남이었다. 참으로 다이내믹한 하나님의 사람이었다. 그는 만나는 사람마다 마치 하나님의 눈으로 보는 듯이 각자 사람이 얼마나 귀중한지 보여 주었다. 처음 만나서 인사하는 순간 세 통역관에게 각각 격려와 칭찬의 말을 해 주었다. 내게는 이렇게 말했다. "최근 한국을 다녀왔는데 세계 대도시 중에서 서울이 제일 깨끗한 도시였어요."

또 한 가지 나에게 심어 준 큰 인상이 있었는데 그것은 긍정적인 마음 자세였다. 1978년에 공산 진영의 나라 중 처음으로 빌리 그레이엄 목사를 초청한 나라가 헝가리였다. 두 번째로 초청한 나라는 폴란드였다. 바로 2주 전에 그는 폴란드에 다녀왔다. 내가 여행에 대해 물었을 때 다음과 같이 말했다.

그곳에 머무는 동안 폴란드 교회에서 제공한 리무진 운전기사는 이삼 일 동안 한마디 말도 없었다고 한다. 그런데 빌리 그레이엄 목사는 가는 곳마다 이렇게 말했다. "저 산, 참으로 아름답다!", "얼마나 아름다운 강인가!", "호수가 이렇게 아름다울 수 있는가!", 그러면서 하나님의 놀라운 창조의 솜씨를 즐기며 찬양했다. 그런데 놀랍게도 삼일 후에 이 무언의 운전기사가 완전한 영어로 말하기 시작했다. 이 사람은 정부에서 그레이엄 목사를 감시하기 위해 파견된 정보기관의 사람이었는지도 모른다. 처음에는 빌리 그레이엄을 감시하다가 후에는 변화되어 자연스럽게 대화를 나누며 친구가 되었다고 한다.

빌리 그레이엄 목사는 세계적으로 알려진 설교자다. 직접 그와 만나면서 그가 얼마나 훌륭한 하나님의 사람인지 알 수 있었다. 그는 사람을 대할 때 마치 예수님이 귀하고 보배롭게 사람을 바라보듯 대했다. 그와 대화한 두 시간은 일생토록 잊을 수 없는 귀한 시간이었다.

꿈 따라, 사랑 따라, 사명 따라

브라질 선교의 4중 축복

버니지아 주의 아름다운 항구 도시 노퍽의 미국 교회에서 4년 동안 목회하면서 자리를 잘 잡고 살다가 우리는 남미 브라질 선교사로 가게 되었다. 이렇게 안전하고 살기 좋은 미국을 떠나 선교지에 간다는 것은 대단한 결정이었다. 작은 교회였지만 교인도 서서히 늘고 별로 문제없었는데 편안한 목회를 버리고 떠난다는 것을 교인들은 이해할 수 없었다. 그러나 우리는 복음을 듣지 못한 사람들이 사는 나라로 가는 것이 주님의 뜻이라면 언제든 갈 준비가 되어 있었다. 주님을 위해서라면 얼마든지 우리 자신을 희생할 각오가 되어 있었던 것이다. 그래서 미국을 떠나 브라질에서 선교한 지 어느덧 12년이 흘렀다. 선교를 마치고

12년간의 브라질 선교를 마치며(1979년)
(폴(11세), 멜린다(9세), 제인(10세), 데이빗(14세))

돌아오게 되었다. 주님의 복음을 전한다는 것은 큰 특권이다. 우리가 선교를 마치고 돌아올 때 하나님은 네 배나 넘치는 축복을 주셨다.

미국을 떠날 때는 맏아들인 데이빗 한 아이를 데리고 갔는데 12년 후 돌아올 때는 네 자녀를 데리고 왔다. 둘째 폴(1967)과 막내 딸 멜린다(1970)를 브라질에서 낳고 양딸 제인을 1971년에 한국에서 입양했기 때문이었다. 또한 미국을 떠날 때는 1개 언어로밖에 설교를 못했는데 돌아올 때는 4개국 언어로 설교할 수 있었다.

나는 한국에서 고등학교를 마치고 미국에 왔기 때문에 한국말을 쓸 기회가 거의 없었다. 영어로 대학과 신학공부를 마치고 미국 교회를 담임했기 때문이다. 뿐만 아니라 미국인과 결혼하며 집에서도 영어만 쓰다 보니 혀가 굳어져서 한국어로 말하기가 힘들어졌다. 그래서 브라질에서는 오히려 영어를 한국어로 번역해서 설교하였다. 그러나 12년 후 미국에 돌아올 때는 한국말로 자유롭게 설교할 수 있었다.

그리고 일본어로도 설교할 수 있게 되었다. 브라질에는 일본 사람들이 많이 산다. 특히 내가 선교사로 있을 때 상파울루 시에만 22만 명이 살고 있었다. 그때는 아직 한국 신문이 생기기 전인데 일본 신문은 세 개가 발간되고 있었다. 그래서 12년 동안 일본 신문을 본 것이다. 당시 상파울루 시에는 17개의 일본 교회가 있었다. 나는 매월 한 번씩 일본인 목사와 선교사들이 친목을 위해서 모이는 집회에 참석하였다. 그곳에서 한 사람씩 돌아가면서 설교하는데 나도 일본어로 설교했다. 몇 년 후 일본에서는 일본어로 설교할 수 있었다.

제6부 남미에서 북미로

12년 동안 하나님의 은혜 가운데 대단히 보람 있었던 선교를 마치고 1979년 브라질에서 미국으로 돌아왔다. 브라질에서 남은 일평생 선교를 하느냐 미국에 돌아오느냐에 대해서 많이 기도하고 결정했다. 미국에 돌아온 첫째 이유는 1965년 미국의 획기적인 이민법 개정에 따라 많은 한국 사람들이 미국에 이민 오게 되었기 때문이었다. 브라질에서 얻은 선교의 경험과 지혜를 통해서 앞으로 미국에서 더 많은 일을 할 수 있다고 생각하였다.

둘째로, 우리 아이들의 연령 때문이었다. 9, 10, 11, 14세의 네 아이들의 장래 교육 때문이었다. 아이들은 어릴수록 문화적 적응이 쉬운 것이다. 우리 아이들이 미국에서 다시 미국 문화와 사회생활에 적응하기 위해서는 더 이상 지연할 수가 없었다. 실제로 우리 미 장로교단에서는 선교사를 뽑을 때 아이들의 연령이 중요한 조건 중의 하나였다. 우리 미 장로교단의 선교 정책에 따라 아무리 자격이 있는 목사라 할지라도 13세 이상의 아이들이 있는 사람은 해외 선교사가 될 수가 없는 것이다. 그러므로 우리는 안식년으로 미국에 가면서 브라질 선교를 마치고 미국에서 목회를 하기로 결정하였다.

1979년 6월에 선교부에 사표를 내고 우리는 미국에 돌아왔다. 먼저 나는 수년 전에 시작한 목회학 박사 공부를 마치기로 하였다. 내가 공부하는 동안 아내는 네 아이들을 데리고 버지니아 주 샤로츠빌 시 가까이 있는 처가댁 농장에 가서 살기로 했다. 나는 학위를 마칠 때까지 리치몬드의 유니온 장로교 신학대학원에 남아서 열심히 공부하였다. 49세의 목사로 신학교에 다시 돌아온 나의 하루 하루의 생활은 극히 기계적이었다. 먹고 자고 공부하는 것이 매일 매일의 생활 과정이었다. 매일 아침에 일어나서 한 조각의 빵과 커피와 시리얼을 먹고, 낮에는 라면, 그리고 저녁에는 밥과 쇠고기(Steak)를 먹었다. 이렇게 꼭 같은 생활을 반복하면서 6개월 후에 만 50세 목사로서 목회학 박사의 학위를 완전히 마쳤다.

꿈 따라, 사랑 따라, 사명 따라

미국에서 처음으로
목회한 한국인 교회

선교부에서 퇴직 후 6개월 동안 이직금(severance)으로 생활비를 대 주었다. 그래서 6개월 안에 수년 전에 시작한 목회학 박사 공부를 마치기 위해서 머리를 싸매고 공부했다. 따라서 장차 목회할 교회를 알아볼 시간적, 정신적인 여유가 없었다. 또한 앞으로 미국 교회에서 목회를 하느냐 혹은 한국인 교회로 갈 것이냐에 대해서도 생각할 시간이 없었다. 다만 기도하면서 하나님의 인도하심을 기다릴 뿐이었다.

만일 한국 교회로 간다면 한국 이민자들이 많이 살고 있는 로스앤젤레스, 뉴욕, 워싱턴 D. C 같은 큰 도시로 가고 싶었다. 막 공부를 마칠 때 나를 청빙한 교회가 하나 있었다. 그것은 바로 노스캐롤라이나 주의 수도인 랄리(Raleigh) 시에 있는 한국인 교회였다. 내가 공부에 바빠서 여러 교회를 알아보지 못했는데 어떻게 나를 알고 부르는 이 교회가 바로 하나님께서 인도하시는 교회라고 믿고 받아들였다.

신학교에서 1979년 12월에 공부를 마치면서 1980년 첫 주일부터 랄리에 있는 한국 교회에 부임하여 목회를 시작했다. 랄리 시는 대학 도시였다. 2만 2천 명의 학생이 다니는 노스캐롤라이나 주 주립대학이 있었고 차로 30분 거리에 학생 2만 명이 넘는 University of North Carolina 주립대학과 1만 2천 명이 다니는 듀크(Duke) 대학이 있었다. 그래서 우리 교회 교인의 절반은 대학생과 교수, 그들의 가족이었다.

랄리는 한국에서 온 이민자가 적은 곳이었다. 내가 도착한 1980년 초에는 48명의 장년이 주일 예배에 참석했다. 2년 반이 지난 1982년 여름 우리가 구입한 새 성전에서 예배드릴 때는 장년 150명이 참석하였다. 그리고 어느 금요일 저녁 노스캐롤라이나 주립대학에서 두 명의 학생으로 시작한 성경공부반이 3년 후에는 40명 가까운 대학원 학생들이 매주 모이는 활발한 모임이 되었다.

그런데 한 가지 문제가 있었다. 미국에서 제일 큰 교세를 가진 남침례교단에서는 새로운 이민자를 상대로 대대적인 선교 정책을 세웠다. 그 정책에 따라 한국 목사들에게 신학교에서 장학금뿐만 아니라 생활비까지 제공했다. 그래서 많은 한국인 장로교 목사들이 남침례교 신학교에서 공부하고 한국인 침례교회를 전국적으로 미국 각 도시에 세웠다. 랄리에도 1981년에 한국인 침례교회가 세워졌다. 우리 교회가 부흥되는 바람에 그 교회는 목사 가정만 모여서 약 3년 동안 예배를 드렸다. 그런데 우리 교회에 갑자기 문제가 생겼다. 하루아침에 반수에 가까운 교인들이 침례교회로 나가 버린 것이다. 나는 많은 눈물을 흘렸다.

만일 우리 교회가 한인이 많은 큰 도시에 있었더라면 다시 열심히 뛰어 그 빈자리를 채울 수 있었다. 그러나 한인 인구가 적은 도시라 별 도리가 없었다. 나는 많은 기도 끝에 그곳을 떠나야 했다. 이 기회를 통해 대도시에 가고 싶은 생각이 있었다. 그러나 마음대로 되지 않아서 다음으로 간 곳이 바로 펜실베이니아 주의 주소재지인 해리스버그에 있는 한인교회였다.

해리스버그 한인 교회에서도 랄리 교회와 비슷한 목회를 되풀이하였다. 교회는 수적으로 많이 부흥되었으나 두 파로 나뉘어져 싸우는 바람에 결국 갈라지고 말았다. 우리는 큰 미국 교회의 장소를 빌려 예배를 드리고 있었는데, 당장 독립하여 그 교회를 떠나야 한다는 파와 떠나지 말자는 파, 둘로 나뉘어 심하게 싸운 것이다. 그동안 잘 부흥되어 미 장로교 노회에서 크게 칭찬받던 교회였는데 부끄럽게도 하루아침에 둘로 갈라지고 말았다.

6년 후 해리스버그를 떠나 미국 교회에서 인터림(Interim) 목사로 6년 동안 목회하다가 목회를 마쳤다. 랄리 교회는 내가 떠나기 전에 교회가 갈라졌고 해리스버그에서는 내가 떠난 후에 교회가 갈라졌다. 전자는 교회가 둘로 갈라졌지만 후자는 교회가 1년 내에 세 개로 갈라졌다. 미국 교회에서는 편안하고 재미있게 목회했지만 한국 교회에서는 심히 어렵게 많은 눈물을 흘리며 목회를 할 수밖에 없었다.

꿈 따라, 사랑 따라, 사명 따라

기적적으로 산 교회 건물

랄리는 미국에서도 여러 면에서 살기 좋은 도시 중의 하나다. 또한 노스캐롤라이나의 수도로서 대단히 빨리 발전되는 도시였다. 노스캐롤라이나 주립대학(N.C. State)이 있는 랄리와 University of North Carolina 주립대학이 있는 채플힐(Chapel Hill)과 또 듀크(Duke) 대학이 있는 덜햄(Durham)의 도시는 각각 차로 30분 내에 위치한다. 이 삼각형 안에 유명한 트라이앵글 산업센터(N. C. Triangle Industrial Center)라는 산업 연구 구역이 있다. 인구 비례로 미국 전역에서 박사 학위 소지자가 두 번째 많은 곳으로 알려져 있다.

우리 한인교회는 1974년 한 가정에서 성경공부를 하면서 시작되었다. 내가 그 교회에 부임했을 때는 웨스트민스터 장로교회 안에 있는 작은 채플에서 예배드리고 있었다. 1980년 첫 주일 내가 목회를 시작할 때에 참석한 장년은 48명이었다. 아이들은 미국 교회에서 유년부를 맡은 부목사가 미국 아이들과 함께 돌봐 주었다. 만 2년 후에는 교인 참석수가 108명으로 늘었고 헌금도 276달러에서 1,797달러로 늘었다.

교회가 부흥되면서 미국 교회에서 빌린 채플이 너무 작아서 건축위원회에서 연구한 결과 세 가지 중 하나를 택하기로 하였다. 새 건물을 건축하던가, 새 건물을 사던가, 그렇지 않으면 현 채플을 더 크게 확장해야 했다. 이를 위해 기도하면서 건축헌금을 시작하고 부흥회를 갖기로 했다.

뉴욕의 한 성결교회의 담인목사인 정승일 목사를 부흥강사로 모셨다. 전교인이 많은 은혜를 받았는데 그중에서도 내가 제일 크게 은혜를 받았다. 그가 '기도의 능력'이라는 제목으로 설교할 때였다. 자기가 서울에서 성결교회 중에서 꽤 큰 교회를 담임하고 총회장까지 지냈는데 미국에 와서 백 명도 안 되는 작은 교회를 목회하면서 일생에 처음으로 울어 봤다고 말했다.

그가 간증하기를 하루는 뉴욕에서 심방을 나갔는데 백인, 흑인 할 것 없이 전부 차를 타고 싱싱 달리는데 하나님의 종인 자기는 버스를 타고 다녀야 하는가 싶어서 이렇게 기도했다고 한다. "하나님, 새 차도 말고 쓰던 차라도 좋으니 하나만 주십시오!" 기도한 지 약 2주일 후에 전화가 왔다. "목사님, 저는 콜럼

비아 대학원 학생으로 목사님 교회에 나가는 누구누구입니다. 죄송하지만 제가 새 차를 사는데 쓰던 차를 드려도 되겠습니까? 죄송합니다. 새 차를 드리지 못해서……." 정 목사는 이렇게 대답했다고 한다. "학생, 그 차를 보내시오. 나는 새 차는 탈 자격이 없지요. 내가 헌 차를 달라고 기도했거든요."

정 목사는 교인들에게 말했다. "이 교회는 교인이 얼마 안 되는 작은 교회입니다. 그러나 하나님은 온 우주를 창조하신 크신 하나님이십니다. 숫자는 적지만 이 교회는 여러분의 교회가 아니고 크고 광대하신 하나님의 교회입니다. 그러므로 기도할 때 크게 기도하십시오."

나는 마치 하나님이 나에게 직접 하신 말씀 같았다. 하나님은 온 우주를 창조하신 크고 광대하신 분이시다. 우리는 교인수도 적고 재정적으로 미약하지만 우리 교회는 하나님의 것이니 만큼 크게 기도하자고 다짐했다.

그리고 하나님은 우리를 위해서 이미 적합한 교회를 계획하심을 믿었다. 따라서 교인들에게 새 성전을 위해서 기도하되 하나님에게 큰 것을 기대하도록 강조했다.

부흥회를 마치고 약 두 달 후 일어난 일이다. 어느 토요일 아침 새벽기도를 마칠 때 N.C. 주립 대학원에 다니는 어떤 한국 학생이 찾아와 물었다. "목사님이 교회를 사려고 하신다지요?" "그렇습니다"라고 대답하자 학생은 다음과 같은 이야기를 하였다. 자기는 어떤 미국 교회의 성가대를 지휘하는 사람인데 그 교회에 문제가 생겨서 갑자기 건물을 팔기로 되었다는 것이다. 만

약 시장에 내놓기 전에 그 교회 목사님과 만나면 값싸게 살 수 있을 것이라고 했다. 나는 장로 한 분과 두 집사들을 데리고 즉시 그 교회로 찾아갔다.

  이 교회는 지리적으로 랄리 시에서 제일 좋은 위치에 있었다. 비행장으로 가는 쪽으로 각각 큰 대학이 있는 채플힐과 덜햄 쪽으로 가는 대로에 있었다.

  그곳에 도착했을 때 붉고 찬란한 아침 해가 저편에서 마치 우리의 장래를 축복하듯 떠오르고 있었다. 교회는 울창한 소나무로 둘러싸여 있었다. 하나님이 우리에게 이 교회를 주시려고 부르신 것 같은 심정으로 감개무량하여 감사의 기도를 드렸다. 같이 온 세 사람도 약속이나 한 듯이 꼭 사자고 말하였다.

  그 다음주 예배를 마치고 교회의 제직과 함께 다시 교회를 방문했는데 한 사람도 빠짐없이 구입하자고 말했다. 반대하는 사람은 한 사람도 없었다. 건축위원회가 은행에 부탁해서 교회를 감정했다. 그 결과 교회 건물과 땅 7.5에이커는 꼭 백만 달러로 매겨졌다. 교회를 사려면 장로교 제도에 따라 노회의 여러 절차를 거쳐야 한다. 그럴 때마다 한 장로님이 모든 서류를 전문적으로 훌륭하게 만들어 주었다. 바로 N.C. 주립대학 부학장으로 오랫동안 학생들을 가르치며 존경받는 조영일 박사였다. 후에 총회 집행위원회 위원장까지 지내면서 우리 교단에서 활동하며 전국적으로 알려진 평신도 지도자였다.

  교회를 우리에게 팔기 위해 그 교회에서 마지막 공동의회를 열 때 교인 중 한 사람이 물었다. "교회는 하나님의 집인데 이것을 판다는 것이 말이 됩니까?" 담임인 도널드 맥코너(Donald F. MaConaghie) 목사는 이렇게 대답했다. "우리 교회는 하나님의 영광을 위해서 지었습니다. 사정이 있어서 문을 닫는데 지금 이 도시에는 대단히 크게 부흥하는 한인 교회가 있습니다. 우리는 교회를 파는 것이 아니라 그 곳에 넘겨주는 것입니다. 남은 채무 조건 17만 달러를 그 한국 교회에 하나님의 영광을 위해서 넘겨주는 것입니다."

이렇게 좋은 위치에 있는 1백만 달러짜리 아름다운 교회를 하나님은 17만 달러에 살 수 있도록 인도하셨다. 1982년 8월에 우리는 기쁨과 감사에 넘쳐 새 성전으로 이사했는데 6개월 내에 108명의 교인이 150명으로 증가하였다.

꿈 따라, 사랑 따라, 사명 따라

이민 교회 목회가 왜 그렇게 힘들지요?

원래 목회란 쉬운 일이 아니지만 특히 이민 목회는 더욱 힘들고 어렵다. 왜 그럴까? 교회는 건물이 아니고 교회에 나오는 사람들인데 사람이란 누구나 문제가 있기 때문이다. 따라서 많은 문제를 안고 이민 생활하는 사람들이 모이는 교회에서 목회한다는 것은 대단히 어렵다.

한국 사람들이 많이 사는 대도시의 목회는 대도시이기 때문에 문제가 있고 작은 도시의 목회는 작은 도시니까 문제가 있다. 실례를 들면 내가 목회하던 펜실베이니아 주 해리스버그의 한인교회는 그 도시의 하나밖에 없는 교회인 데다 교인이 100명도 안 되는 작은 교회였다. 그러나 교인들은 같은 한국어를 쓴다는 것 외에는 너무나 각양각색의 배경을 가지고 있었다. 다양한 배경을 가진 교인들을 상대로 목회하기 때문에 보통 어려운 것이 아니었다. 그 이유를 간추려 보면 다음과 같다.

첫째로, 교인들은 너무나 다양한 교파적 배경을 갖고 있다. 장로교, 감리교, 침례교, 성결교, 순복음교회, 안식교, 가톨릭교, 심지어 몰몬 교회에 다니던 사람도 온다. 장로교 중에서도 한국의 통합과 합동, 그리고 미국의 PC USA 장로교와 PCA 장로교가 있다. 미국 사람은 여러 교회 중 자기 교단에 속하는 것을 선택하면 된다. 그러나 한국 이민자는 그런 선택의 자유가 없는 것이다.

어떤 이유로 교회가 마음에 들지 않을 때 자동차로 두세 시간이나 걸리는 다른 도시의 교회로 간다는 것은 그리 쉬운 일이 아니다. 이런 경우 교인들, 특히 치리권을 가진 장로 대신 목사가 떠나는 때가 많다. 또한 그 목회자의 전직이 제대로 되지 않아 그 도시에 남으면 교회가 두 개로 갈라지는 것이다. 이러한 때에 치열한 싸움으로 분열되기가 쉽다. 교회가 갈라지면 선교와 전도뿐만 아니라 우선 경제적으로 어려워진다. 교회 자체의 운영이 힘들어진다. 제일 가슴 아픈 것은 전도의 문이 막혀 버린다는 것이다. 남이 못하는 새벽기도까지 하면서 크게 부흥하던 한국 교회를 바라보던 미국인에게 존경 대신 실망과 멸시를 받을 수밖에 없다.

둘째는 교육적인 다양성이다. 내가 담임하던 교회는 미국, 혹은 한국에서 최고학위를 받은 사람이 있는가 하면 학교에 전혀가 보지 못한 사람들도 있었다.

셋째로 사회적, 경제적 다양성이다. 24개의 방이 있는 대저택에서 사는 가정이 있는가 하면 침실 하나밖에 없는 작은 아파트에서 사는 할머니도 있었다. 또한 수십 년 전 미국에 와서 공부를 마치고 사업을 크게 하거나 주 정부에서 과장으로 일하는 사람들도 있는가 하면 최근에 이민 와서 최저 임금을 받으며 일하는 교인도 있었다.

넷째로, 복합적 문화의 특수성이다. 미국 교회와 우리 한국 교회는 마켓 스퀘어 장로교회(Market Square Presbyterian Church)라는 이름 하에 하나의 교회였다. 마켓 스퀘어 장로교회는 크고 역사가 깊은 교회로서 해리스버그 중심가에 위치하고 있었다. 주일학교는 미국인 교육목사의 지도 하에 미국인과 한국인 자녀들이 함께 영어로 교육 받았다. 미국인과 한국인 장년들은 크리스마스와 부활절, 특별한 절기에 이중 언어로 연합예배를 드리고 평상시에는 따로 예배를 드렸다.

우리 한인교회 장로와 집사들은 그 미국 교회의 장로와 집사들이요, 우리 한인 교인들도 그 미국 교회의 정식 교인이었다. 나는 3명의 부목사 중 한사람으로 본 미국 교회 당회장 목사를 보좌하는 부 당회장인 동시에 한국인 부설교회의 당회장이었다. 6명의 장로로 구성된 한인교회 당회 치리 하에 우리 한국 교회는 행정적으로, 재정적으로 독립되어 있었다.

다섯 번째는 교회에서 한국인 자녀들을 단속하는 문제였다. 우리는 예배 시간에 마음대로 뛰어다니며 노는 한국 아이들을 제대로 단속하지 못했다. 미국인은 예배를 마치면 다 집에 돌아가지만 우리는 남아서 하는 행사가 많았다. 미국 교회 건물을 쓰는 동안 마음대로 뛰어다니는 한국 아이들을 통솔하는 데 부모들의 도움이 절실히 필요했다. 그러나 문화적인 이유인지는 모르지만 부모들에게 별로 도움을 받지 못했다. 이것은 아이들의 문제라기보다 부모의 문제, 아니 목사 자신의 부족함이었다고도 볼 수 있다.

여섯 번째는 미국 정착 기간의 다양성이다. 나는 해리스버그 교회에 부임하면서 교회가 어느 정도 부흥하고 성장하는 대로 미국 교회를 떠나 독립할 목적이었다. 그러나 그 시기가 오기 전에 독립을 원하는 교인들과 원치 않는 교인 두 그룹이 생겼다. 미국에 와서 경제적으로 안정되고 이민생활에 익숙한 교인들은 계속 미국 교회와 함께 있는 것을 원했다. 반면 언어와 문화의 장벽으로 미국 교인들과 교제가 힘든 교인들은 독립하기를 원했다. 문제는 독립파가 당장 독립하자는 데 있었다.

내가 부임한 후 3년 동안 50명의 교인이 약 80명으로 늘어났다. 나는 100명 선을 넘을 때 독립할 계획이었다. 그런데 당회원 6명 중에 세 장로는 남기를 원하고 세 장로는 독립하자고 했다. 독립을 원하는 측에서 서두를수록 반대하는 측에서는 신경이 날카로워졌다. 나는 나의 부족함을 느끼면서 금식하며 기도할 수밖에 없었다.

일곱 번째, 교인들의 분열이 문제다. 당장 독립을 원하는 세 장로는 한 치의 양보도 없이 마치 독립전쟁의 애국자처럼 열정적으로 주장했다. 부흥되는 한인교회를 바라보며 자랑스럽게 여기던 미국 교회는 이해하기가 힘들었다. 독립파의 주장이 강해질수록 미국 교회 당회도 점차 두 파로 나누어졌다. 한국 교회를 비판적으로 보는 장로들이 생기기 시작했다. 처음에는 소수의 교인들이 당장 독립하자는 의견을 따랐다. 그러나 그들의 주장이 강해질수록 미국인 앞에서 창피하고 시끄러우니 독립해서 나가자는 교인의 수가 점차 늘어났다. 이런 과정에서 그렇게 잘 부흥하던 교회가 두 파로 나뉘어 싸움은 더욱 심해졌다.

미국 교회에서 단독으로 해결할 수 없자 문제는 칼라일 노회에 제출되었다. 노회는 우리의 문제를 미국 교회보다도 더 이해할 수 없었다. 독립을 주장하는 세 장로는 노회에 가서 열성적으로 독립의 필요성을 설명하며 도와줄 것을 간청했다. 당장 독립을 원치 않는 세 장로들은 창피해서 노회에 참석하지 않았다. 두 파가 되어 서로 싸우는 것은 외국인 앞에서 누가 지고 이기는 그런 문제가 아니었다. 목사로서 나의 난처한 입장은 말로 표현하기 힘들었다. 부흥하는 한국 교회를 항상 자랑스럽게 여겨 온 미국 목사들에게 복잡한 한국 교회의 문제를 설명한다는 것은 누워서 얼굴에 침을 뱉는 격이었다.

나는 얼마 후 해리스버그 한인교회를 사임하고 말았다. 내가 떠난 후 교회는 1년 안에 세 군데로 갈라졌다. 세 장로는 교인의 반을 데리고 나가서 독립교회를 세웠다. 그러나 자기들끼리 마음이 맞지 않아 1년 내에 또다시 둘로 갈라졌다. 따라서 세 개의 작은 한인교회가 되고 말았다. 나는 미국 교회에서 인터림 목사로 그 다음 6년 동안 목회를 하였다. 그 후 은퇴하고 대학에서 7년 동안 가르쳤다.

나는 미국 교회에서 10여 년 동안 목회를 했고 북미와 남미에서 10여 년 동안 한인교회를 담임하였다. 미국 교회에서는 대단히 즐겁고 비교적 쉬운 목회를 했고 한인교회에서는 대단히 어려운 목회를 하였다. 왜 한인교회 목회는 그렇게 어려운 것인가? 그 이유는 앞에 언급한 일곱 가지로 정리될 수 있다.

꿈 따라, 사랑 따라, 사명 따라

미국 여자와 사는 것이 어떻습니까?

지금은 미국에 이민 온 한국인이 많아서 자녀가 미국인과 결혼하는 사람들이 많아졌다. 그러나 1960년대는 미국인과 결혼한 한국인을 보기 힘들었다. 미국인과 결혼하고 미국 교회를 담임하는 한인 목사는 더욱 보기 힘들었다. 미국인 사모와 남미에서 한국 이민자를 상대로 선교하는 한인 목사는 이 지상에 나밖에 없었다. 어느 날 교회의 김 집사가 나에게 "목사님, 미국인 아내와 사는 것이 어떻습니까?"라고 물었다. 나는 대답을 할 수 없었다. 한국인 아내와 살아본 경험이 없기 때문에 비교해서 대답할 수 없었던 것이다.

미국은 280여 개 나라 사람들이 이민 와서 사는 다민족 국가이다. 따라서 미국인은 민족을 초월해서 국제 결혼하는 것을 당연한 일로 여긴다.

독일계 백인인 나의 아내가 펜실베이니아 주의 커뮤니티 대학에서 간호학을 가르칠 때였다. 아내의 비서는 일본인 아버지와 필리핀 어머니 사이에서 태어나 백인 목사와 결혼한 제인 고든(Mrs. Jane Gorden)이라는 사람이었다. 나의 아내 딕시 황(Dixie Whong) 교수 방에 들어올 때면 비서실을 거쳐야 했는데 매년 새 학기마다 학생들은 아내와 비서를 혼동했다.

교수를 찾아오는 학생들이 동양인인 비서를 보고 황 교수님이라고 부를 때가 많았다. 비서는 대답한다. "나는 비서인 고든이고 교수 황 교수님은 저 안쪽 사무실에 있습니다." 당황하며 교수실에 들어온 학생은 동양인일 거라 생각했던 교수가 백인임을 보고 다시 묻는다. "죄송하지만 황 교수님은 어디 계십니까?" "내가 바로 황 교수인데 무엇을 도와줄까요?" 아내가 대답할 때 그 학생은 다시 한 번 당황하며 함께 웃는 것이었다.

꿈 따라, 사랑 따라, 사명 따라

미국 교회와 한국 교회의 제일 큰 차이점

걸음을 멈추어 관9장

　나는 미국 교회와 한국 교회에서 목회를 했기 때문에 그 둘의 차이를 말할 수 있다.
　첫째로, 한국 교회는 예배와 집회에 잘 모이고 십일조를 충실히 바치며 성경을 하나님의 말씀으로 믿고 새벽기도에 힘쓰는 교회이다. 이런 점에서 미국은 물론 세계 어느 나라에 가도 한국 교회와 같이 열심 있는 교회는 찾아보기 힘들다.

　둘째로 한국 교인은 교회 안의 생활과 교회 밖의 생활에 큰 차이가 있는 것을 볼 수 있다. 일반적으로 한국 사람들은 교회 안에서는 열심히 신앙생활을 하지만 일단 교회 밖으로 나가면

미국 교회와 한국 교회의 제일 큰 차이점　211

불신자와 별로 차이가 없다. 한국인처럼 새벽기도는 못하지만 미국인은 교회 안과 밖의 생활이 일치된다. 예수님은 '너희는 교회의 소금이니', '너희는 교회의 빛이니' 라고 하지 않고, '너희는 세상의 소금이니', '너희는 세상의 빛이니' 라고 말씀하셨다 (마 5:13-14).

셋째는 문화적 차이라 볼 수 있는 사권(privacy)의 문제이다. 유교의 영향으로 서로 돕는 한국의 가정제도와 개인주의가 발달된 미국인의 생활양식은 차이가 있다. 한국인은 남을 돕는 의미에서 남에게 지나친 간섭을 할 때가 있다. 미국인은 남의 일에 깊이 간섭하지 않는다. 가까운 친구와 가족 사이에도 사적인 권리와 자유를 존중한다. 따라서 미국 교회에서는 아무 문제 없는 것이 한국 교회에서는 복잡한 문제를 일으킬 수 있다.

실례를 하나 들겠다. 1972년 내가 미국에서 1년 동안 안식년을 마치고 브라질에 돌아왔을 때였다. 상파울루 연합교회의 담임 김계용 목사는 1년의 안식년을 한국에서 보내기 위해 떠나고 교회는 미국에서 돌아오는 나를 기다리고 있었다. 내가 상파울루에 도착했을 때 남미에서 제일 큰 연합교회 교인들이 두 그룹으로 갈라져 심한 논쟁을 하고 있었다. 바로 1년 전 결혼한 젊은 가정에 불화가 생긴 것이다. 권사님의 아들인 남편과 심하게 싸우던 장로님의 딸인 아내가 결혼을 포기하고 친정으로 돌아가려고 보따리를 싸고 있었다.

사정을 알고 보니 장로들과 권사들을 비롯하여 많은 교인이 이 젊은 부부의 문제를 해결하기 위하여 열심히 심방한 결과 교회가 둘로 갈라진 것이다. 한 그룹은 남편이 잘못했다고 주장하고 또 한 그룹은 여자가 잘못했다고 주장했다. 한 가정의 문제가 전 교회의 문제가 되어 소동을 일으키고 있었다.

나는 긴급 사태를 수습하는 첫 단계로 전 교인에게 그 집을 심방하지 못하도록 명령을 내렸다. 그 순간 문제는 저절로 해결되었다. 이제는 결혼 문제만 남았다. 그것은 시간이 필요했다. 나는 그 가정을 돕고자 열심히 싸우던 교인들을 열심히 기도하는 교인으로 변화시켰다. 나도 기도하면서 성령의 도움으로 그 가정을 여러 번 심방하며 상담하였다. 얼마 후 그 가정의 문제는 완전히 해결되었다. 이 가정은 34년 후인 오늘날까지 아무 문제없이 아들딸 잘 낳고 지금은 미국에서 자리잡고 행복하게 살고 있다. 남의 결혼 문제를 놓고 온 교인이 바쁜 시간을 내서 심방한다는 것은 미국 교회에서는 생각조차 할 수 없는 일이다. 대인 관계에서 사귐을 지킬 수 있다면 한국 교회에서 적지 않은 문제가 해결될 수 있지 않을까 생각된다.

넷째로, 제일 큰 차이는 당회에 관한 것이다. 당회가 제대로 잘 되면 전 교회가 잘 되고 그 반면 당회에 문제가 있으면 잘 될 수 없다. 미국 교회에는 한국 장로들처럼 몸과 마음을 바쳐 희생적으로 하나님 사업을 위해 봉사하는 사람들은 찾아보기 힘들다. 그러나 한국의 장로처럼 많은 문제를 일으키는 장로 또한 찾아보기 힘들다.

미국의 장로들은 당회에서 무엇이든 마음을 털어놓고 토의하고 일단 다수결로 가결되면 그것뿐이다. 군말없이 교회가 잘 운영된다. 그러나 한국 교회에서는 다수결로 결정된 후에도 계속해서 자기 주장을 고집하는 장로를 흔히 볼 수 있다. 특히 40년 전 이민 초기에 언어의 장벽과 사회 경제적인 불안 속에서 교회의 장로 직분을 받으면 일종의 출세로 알았고, 새로운 장로를 선출할 때마다 큰 고역을 치러야 했다. 나는 목사로서 금식과 기도로 신경을 쓸 수밖에 없었다. 한국 교회에서는 장로가 종신제이기 때문에 한 장로의 문제는 해결할 수 없는 당회의 문제가 되고 그것은 교회의 문제가 될 때가 많았다.

다행히 지금은 한국 이민 역사가 깊어지면서 안정감을 갖고 교회에서 잘 봉사하는 장로들을 많이 볼 수 있다. 20년 가까이 한국 교회를 목회하면서 훌륭한 장로들도 있었다. 특히 노스캐롤라이나의 조영일 장로와 펜실베이니아의 김성환 장로 같은 분들은 아주 훌륭한 사람들이었다. 미국 교회는 장로의 직책을 성심껏 봉사하고 섬기는 것으로 인식하기 때문에 장로가 문제를 일으키는 경우가 거의 없다. 그 이유의 하나는 교회 제직에 윤번제도가 있기 때문이다.

실례를 들겠다. 1994년 내가 인터림 목사로 시무하던 펜실베이니아 주의 파츠타운 제일 장로교회에서 있었던 일이다. 이 교회는 PC USA 장로교단에 속해 있으며 약 700명의 교인과 25명의 안수집사(미국 교회는 서리집사 제도가 없음)와 15명의 장로가 있는 교회였다. 이 교단에서는 제직의 윤번제도가 법적으로 제정되어 있다. 장로와 집사의 직무 기간은 3년이다. 3년 동안 봉사하면 제직의 직분은 일단 끝나는 것이다. 3년 후 공동의회에서 투표로 선출되면 3년을 더 집사나 장로로 봉사한다. 6년

두 명의 전직 미국인 장로가 집사로 임직한
펜실베이니아 주 파츠타운 제일 장로교회(1994년)

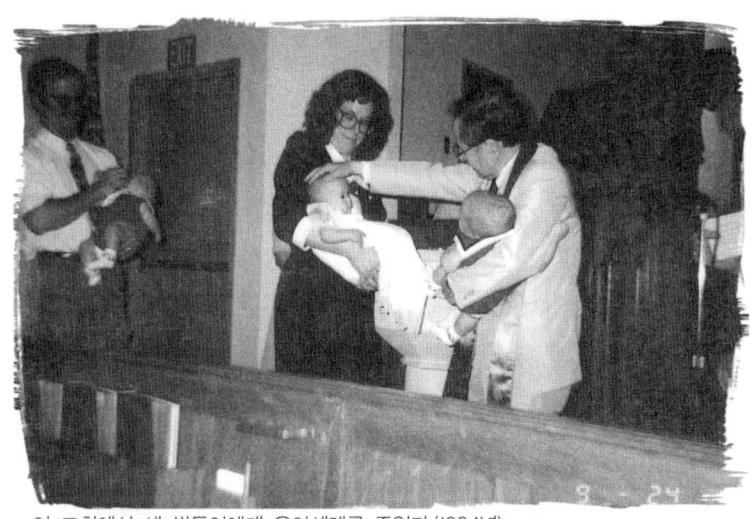

이 교회에서 세 쌍둥이에게 유아세례를 주었다.(1994년)

임기를 마치면 반드시 1년을 쉰다. 그 후에 다시 공동의회에서 새롭게 추천되면 봉사할 수 있다.

윤번제도가 있기 때문에 제대로 봉사하지 않고 자기의 직권을 남용하는 장로나 집사는 선출받을 수가 없다. 다시 말하자면 미국 교회에서는 집사나 장로로 주님을 섬기려면 하나님의 인정은 물론, 교인들의 인정도 받아야 된다. 종신제도를 사용하는 한국 교회는 한 알의 사과가 전체를 썩히는 것처럼 한두 사람 때문에 전 교회가 필요 없는 시험에 빠지곤 한다.

윤번제도에 따라 파츠타운 제일 장로교회는 매년 15명의 장로 중 5명은 임기를 마치고 평신도로 돌아간다. 그 5명의 장로 중 3명은 공동의회에서 장로로 재선되어 3년 더 봉사하게 되었다. 두 명은 6년의 임기를 마쳤기 때문에 1년을 쉬게 되었다. 그러나 1년 쉬는 대신 집사로 당선되었다. 6년 동안 장로로 봉사하다가 이제는 집사로 봉사하게 된 것이다.

새로 당선된 제직은 지도자 수련회를 통해 준비공부를 마치고 얼마 후 집사, 장로로 안수식과 취임식을 가진다. 순수한 마음으로 주님을 섬기기 위하여 집사 안수를 받는 두 전직 장로들의 모습이 그렇게 훌륭하고 아름다울 수가 없었다. 그 순간 한국인 교회에서 장로의 치리권을 권리로 알고 교회를 어지럽히고 목사를 괴롭히던 잊을 수 없는 장로들의 모습이 떠올랐다.

새벽기도를 하며 전도와 선교를 열심히 하는 훌륭한 한국 교회가 미국 교회의 좋은 점을 본받고 이 땅에 오셔서 십자가를 지신 예수님의 본을 받는다면 얼마나 더 훌륭해질 것인가? 그렇게 생각하면서 그 주일 아침 훌륭한 두 전직 장로들을 새롭게 집사로 안수하였다. 여러 차이점이 있지만 미국 교회와 한국 교회의 제일 큰 차이점은 윤번제의 유무라고 본다.

꿈 따라, 사랑 따라, 사명 따라

집과 남편을 잃은 여자의 성공 이야기

　　　　　　　　　　　1985년 어느날 필라델피아
　　　　　　　　　　에서 김명자라는 한국인이 두
　　　　　　　　　　시간을 운전하여 나를 찾아왔
　　　　　　　　　　다. 그녀는 미국에 이민 와서
16년 동안 열심히 동양 식품점을 운영하여 번 돈으로 큰 건물을
하나 구입했다. 음식점을 하기 위해서 750만 달러의 거액을 들
여 구입한 건물이었다. 그런데 한국인 부동산 업자를 믿고 서류
를 전부 사인했는데 무엇인가 잘못되어서 3개월 후에 건물을 빼
앗기고 말았다. 뿐만 아니라 손해 때문에 가정불화로 남편과 싸
우다 이혼까지 했다는 것이다.

　　절망 속에 있을 때 어떤 집사의 소개로 나를 찾아왔다. 그는

나를 만나자마자 원통한 사정을 눈물을 흘리며 실토하였다. 나는 그의 상한 마음을 위로하며 예수님의 놀라운 복음을 전했다. "사업이 얼마나 중요한데, 특히 낯선 땅에 이민 온 사람으로 돈이 얼마나 중요한데, 남편까지 잃었으니 얼마나 괴롭겠습니까? 그러나 이 모든 것보다도 더 중요한 것이 있습니다!" 그랬더니 그는 그 자리에서 예수님을 영접하며 더 크게 울었다.

물론 구원은 사람이 하는 것이 아니고 하나님이 하시는 것이다. 전 재산과 남편까지 잃은 그녀는 내가 전한 복음을 어린아이와 같은 순전함으로 받아들였다. 성령께서 크게 역사하신 것이다. 그녀는 후에 자기 상점에 오는 손님 중에서 자신에게 교회에 나오라고 전도하는 사람들이 많았다고 간증했다. 그럴 때마다 교만하게도 "교회에 다니는 당신들은 나보다 더 나은 것이 무엇이냐?"고 마음속으로 반발하였다는 것이다. 그러나 그 날은 달랐다. 자기가 죄인이라는 것을 깨닫고 예수님을 구세주로 받아들였다. 처음으로 자기가 하나님의 딸임을 알고 깊은 평화와 감사가 넘치는 사람이 되었다.

그녀는 서울대학교 음악과 출신으로 그날부터 깊은 영적 갈급함으로 교회에 열심히 다니며 성경을 읽으면서 생에 커다란 변화를 맞았다. 그녀는 얼마 후 자본도 없이 하나님만 의지하여 필라델피아 근교에서 어거스트 문(August Moon Restaurant)이라는 한식과 일식을 겸한 음식점을 시작했다. 처음에는 경제적으로 어려움이 있었다. 그러나 하나님께서 같이하시고 또 열심히 노력하여 지금은 자가트(Zagot)의 회원권을 갖춘 훌륭한 음식점으로 인정받고 있다. 또한 좋은 사람과 재혼하고 교회에서 권사로 열심히 봉사하고 있다. 그리고 미주 세선회를 적극적으로 돕는 선교의 동참자가 되었다.

나는 김명자 권사가 손해를 보았던 건물의 법적문제를 도우면서 느낀 것이 있었다. 그 건물을 구입할 때 누가 김 권사에게 조금만 법적인 조언을 했더라면 그 많은 돈을 잃어버리지는 않았을 것이다. 한국인이 미국에 이민 와서 제일 먼저 투자하는 것이 집이다. 한국 이민 교회의 목사로서 나는 부동산업에 관한 지식을 얻기 위해 공부를 하였다. 그리고 시험을 거쳐 부동산업의 면허증을 받았다. 이것으로 이민 교회 목회에 도움이 될 뿐만 아니라 후에 세선 가정상담소를 열고 이민자를 상담하는 데도 적지 않은 도움이 되었다.

한 가지 한인 이민 교회 목사님들에게 충고하고 싶은 것이 있다. 물론 재정적으로 어렵기는 하지만 가능한 대로 아무리 작아도 자기 집을 사는 것이 대단히 유리하다는 것이다. 그 이유는 미국 세금법에 의해서 집을 소유하면 은행의 융자금을 얻을 때 큰 혜택이 있기 때문이다. 그러나 3년 안으로 이사하는 사람은 집을 사면 손해를 볼 수 있다.

꿈 따라, 사랑 따라, 사명 따라

성령 충만한
사람도 이혼하는가?

1986년 어느 날 오후 5시쯤 전화가 왔다. 우리 교회에서 제일 믿음이 좋은 성도 중의 한 사람인 박정희 집사(가명)였다. 미국 이름으로 내쉬(Mrs. Nash) 집사로 통했다. 항상 유쾌하고 친절한 내쉬 집사는 믿을 수 없는 슬픈 소식을 전해 왔다. "목사님, 오늘 저녁에 이혼합니다." 갑자기 벼락같이 들려오는 소식에 나는 수화기를 든 채 멍하니 창문을 바라보며, "무엇이라고요? 이혼? 오늘 저녁에?"라고 물었다. "네, 목사님! 오늘 저녁에 변호사가 와서 이혼 문서에 사인하기로 되어 있습니다."

이 부부는 아내인 박 집사는 미장원 사업을 하고 미국인 남편은 행상 보석장사를 하는 부부로 어린 딸과 함께 행복하게 사는 가정이었다. 남편은 신자는 아니지만 말이 별로 없고 친절한 사람이었다. 박정희 집사는 한국의 가난한 집에서 태어나 공부를 많이 하지 못했지만 머리가 좋고 영어도 퍽 잘하는 사람이었다. 약 20년 전에 미국에 이민 오자마자 미용실을 시작했는데 성격이 외향적이고 친절하여 많은 손님이 줄을 설 정도로 사업에 성공한 사람이었다.

그런데 그녀의 어머니를 위해 집을 사면서부터 문제가 생겼다. 그녀의 어머니는 6·25전쟁 때 과부가 되어 혼자서 고생하며 자녀를 키우다 함께 미국에 이민 와서 가까이에서 살고 있었다. 그 어머니는 나를 통해서 예수님을 영접했다. 비록 최근에 믿기 시작했지만 열심히 신앙생활을 하면서 그의 딸처럼 주님을 위해서는 무엇이나 하기를 원하는 헌신적인 교인이었다. 병원에서 일하면서 집도 하나 사고 딸의 집에서 그리 멀지 않은 곳에서 행복하게 살고 있었다.

그런데 문제가 생겼다. 남편보다도 돈을 더 많이 버는 내쉬는 고생하면서 자기를 키운 어머니를 위해 집을 하나 사서 선물로 드리기로 하였다. 그런데 그 집 문서에 남편의 이름은 빼놓고 어머니와 딸의 이름만 넣은 것이다. 남편은 그것을 허락할 수가 없었다. 그것 때문에 다투다 마침내 이혼까지 하게 되었다는 것이다.

나는 초조하고 당황한 마음으로 내쉬에게 말했다. "아니, 그런 일은 좀 미리 알려야 기도도 하고 도와드릴 수 있지, 당장 오늘 저녁에 이혼한다니 이게 무슨 말이에요?" 나는 나도 모르게 무릎을 꿇고 하나님께 기도하면서 대화를 계속했다.

　아무 힘도 지혜도 없는 빈 마음으로 하나님 앞에서 하나님만을 의지하며 이렇게 말했다. "만일 하나님이 지금 집사님에게 이렇게 하라고 분명히 말씀하신다면 순종하겠습니까?" 내 말이 떨어지자마자 내쉬는 "네, 물론이지요!"라고 확실하게 대답했다. 나는 내쉬에게 성경책을 갖고 오라고 했다. "성경의 창세기 2장을 펴십시오. 2장 18절에서 25절까지 읽으십시오." 그는 선생님에게 순종하는 어린 학생처럼 그 구절을 찾아서 읽었다.

　나는 2장 24절을 다시 한 번 뜻을 생각하면서 읽으라고 했다. 그녀는 "이러므로 남자가 부모를 떠나 그 아내와 연합하여 둘이 한 몸을 이룰지로다"라고 읽었다. 나는 이 본문으로 다음 몇 가지를 강조하면서 설명하였다.

　첫째로 성경말씀에 의하면 결혼은 하나님께서 친히 짝지어 주신 것으로 너무나 중요하다는 것, 둘째로 2장 24절은 결혼생활에 있어서 대단히 중요한 우선권이 무엇인지를 설명하고 있다. 나의 설명을 들은 박정희 집사는 그 문제를 완전히 해결하였다. 나는 미국 문화와 한국 문화의 큰 차이를 설명했다.

　(1) 미국 문화는 성경에 입각한 문화요, 한국 문화는 유교의 영향을 받은 것이다.
　(2) 창세기 1장에서 하나님은 천지창조 중 "하나님의 보시기에 아름다웠더라!"고 일곱 번이나 강조하셨다. 그런데 남자와 여자를 창조하신 것은 이성(異姓)이 하나님의 훌륭한 선물이라

는 것이다. 반면 유교에서는 '남녀 7세 부동석'이라고 할 만큼 이성에 대해 부정적이라는 것이다.

(3) '그러므로 남자가 부모를 떠나 그 아내와 연합하여 둘이 한 몸을 이룰지로다!'에서 중요한 것은 가정의 우선권이 부부에게 있다는 뜻이다.

성경적 설명을 듣고는 그녀는 모든 문제를 완전히 해결하였다. 유교 문화권에 있는 한국 사회에서는 우선권이 군자와 신하 간의 충성이고 다음으로 부모와 자식 간의 효도이다. 반면에 성경 문화권에 있는 미국에서는 무엇보다도 부부의 관계가 우선권을 갖고 있다. 박정희 집사는 제일 중요한 남편과의 관계 대신 어머니와의 관계에 우선권을 둔 것이다.

자기를 낳고 혼자 과부로 어렵게 키워 준 어머니를 존경하고 효도하는 것은 동양뿐만 아니라 서양에서도 미덕이지만 우선권은 남편과의 관계이다. 그리고 어머니가 집을 두 채 갖고 있어도 그것 때문에 사랑하는 딸이 이혼하는 것은 절대 효도가 아니다. 참다운 효도는 성경말씀 대로 주 안에서 남편과 아내가 부모를 떠나 하나가 되어 행복하게 사는 것이다.

신앙이 좋고 현명한 박정희 집사는 나의 말을 알아들었다. 성도 한 명을 놓고 나는 전화로 약 한 시간의 즉흥적인 설교를 한 셈이었다. 그런데 하나님께서 깊은 마음의 평화와 기쁨을 주셨다.

다음 날 아침 10시쯤 다시 전화가 왔다. 박정희 집사의 전화였다. 내용은 극히 짧았다. "목사님, 모든 것이 해결되었습니다!

감사합니다!" 나는 감개무량하여 다시 무릎을 꿇고 하나님께 감사와 찬양을 드렸다.

박정희 집사는 목사를 통하여 들은 성경의 말씀을 하나님이 본인에게 직접 하시는 말씀으로 받아들였다. 집을 어머니에게 사 드리되 남편과 상의하여 남편의 이름도 포함했다. 즉 그 귀한 선물은 딸뿐만 아니라 사위와 함께 어머니에게 드리는 것으로 더 뜻 있어진 것이다. 얼마 후에는 그 남편도 예수님을 믿게 되어 온 가정이 교회에 함께 나오는 행복한 가정이 되었다.

나는 통계를 낸 일이 없기 때문에 성령이 충만한 사람도 이혼할 수 있는가 하는 질문에 대답할 수 없다. 그러나 한 가지 분명한 것은 아무리 어려운 문제를 당했을 때도 하나님의 뜻에 순종하면 해결된다는 것이다. 박정희 집사는 하나님의 말씀이라면 무엇이라도 믿고 순종하는 사람이었다. 참으로 성령 충만한 사람이었다.

하나님의 크신 은혜와 성령의 놀라운 역사로 목전에 부딪친 어려운 문제를 멋있게 물리칠 수 있었다. 또한 오랫동안 구원을 위해 기도하던 남편이 예수님을 구주로 믿고 받아들였다. 죽은 후에 받는 영원한 축복은 말할 것도 없고 현세에서도 만나는 사람에게 하나님의 놀라운 사랑을 전하는 사람들이 된 것이다.

꿈 따라, 사랑 따라, 사명 따라

예수님을 영접한 두 일본인 여자

제8장 펜실베니아 해리스버그

이것도 1985년에 일어난 일이었다. 어느 날 아침 내가 시무하는 펜실베이니아 주의 해리스버그 한인교회의 목회실 문을 두드리는 두 여자가 있었다. 나는 여호와의 증인으로 알고 면담을 거절하려 하였다. 그러나 한국인이 아니고 일본인이었다. 호기심에서 그들을 목회실 안으로 영접하였다. "이렇게 바쁜 때 어떻게 찾아오셨습니까?" 그녀들은 "우리는 일본에서 왔는데 말씀드릴 것이 있습니다. 그리고 선물(몇 개의 비디오테이프)도 있습니다"라고 대답했다.

몇 마디 나누면서 나는 그녀들이 누구인지 알았다. 일본에서 통일교 문선명 씨에게 연합 결혼식을 받은 수백 명 중 결혼생활을 시작하기 전에 3개월 동안 선교사로 미국에 온 사람들이었다. 나는 그녀들의 헌신적 봉사정신을 존경하면서 왜 우리 교인들은 저 사람들처럼 열심히 전도를 못할까 생각했다. 이런 면에서 문선명 씨가 나보다 훌륭하다는 것을 인정할 수밖에 없었다. 그러면서 다음과 같이 협상을 하였다.

"당신들이 이와 같이 헌신적으로 다니는 것을 보니 중요한 복음이 있을 터인데 그것을 30분 내로 말해 주시오. 만일 내가 모르는 새로운 것이 있다면 마음을 활짝 열고 받아들이겠습니다. 그러나 그런 것이 없으면 내 복음을 전하겠습니다."

그들은 나에게 열심히 설교했다. 그들의 말하는 복음을 요약한다면 다음과 같았다. 미국이 세계적 강대국이 된 것은 기독교 때문이었다. 그러나 오늘날의 교회는 부패했다. 그러므로 새로운 교회 즉, 통일교가 필요하다. 또한 인종 차별, 높은 범죄율, 청소년 문제, 마약과 자살문제 등 미국의 여러 사회적 문제를 나열하였다. 그러나 이렇다 할 복음은 전혀 없었다. 그들의 강론이 끝난 다음 내 차례가 왔을 때 나는 다음과 같이 전했다.

브라질에 선교사로 12년 동안 있으면서 매일 일본 신문을 읽은 나는 일본의 사회문제에 통달하고 있었다. 물론 미국에 인종차별이 있지만 일본은 더 심한 인종 차별이 있는데도 일본 사람들은 마치 인종차별이 전혀 없다고 생각한다. 미국에서는 인종차별 문제를 공론화하지만 일본에서는 그렇지 않다. 그리고 미국에서도 자살문제가 있지만 일본에서는 대학생과 고등학생뿐만 아니라 초등학교 학생까지 자살한다는 사실을 통계를 들어 설명하자 그들은 일본에 대한 나의 깊은 지식에 깜짝 놀랐다.

그때 나는 예수님의 복음을 알아듣기 쉽게 전했다. 그들이 영어를 잘 이해하지 못할 때는 일본말로 설명하였다. 크게 감화를 받으면서 그들은 무릎을 꿇고 텅 빈 마음속에 예수님을 자기들의 구세주로 믿고 영접하였다. 나는 늘 사용하는 CCC의 4영리 전도 방법대로 기도를 인도하였다. 그리고 그들의 모든 죄를 예수님의 십자가의 공로로 용서하시고 하나님의 자녀로 삼아주신 데 대한 감사의 기도를 드렸다.

그들은 예수님을 진심으로 받아들였다. 그들은 신혼여행과 신혼생활을 포기하고 3개월이란 긴 시간을 자기들이 알지도 못하는 복음을 위해 헌신하는 사람들이었다. 대단히 종교심이 강한 그들의 텅 빈 마음에 하나님의 놀라운 사랑이 전해지자 예수님을 영접한 것이다. 일생에 처음으로 참 진리이신 예수님을 만난 그들은 그 다음 주일에 내가 시무하는 교회에 참석하였다. 언어 문제 때문에 나는 그들을 우리 한인교회에 초청하지 않았는데 놀랍게도 제 발로 찾아온 것을 보고 너무나 기뻤다. 감사한 마음으로 하나님을 찬양하면서 그들을 환영하고 우리 교우들에게 소개하였다. 그들은 그 다음 주일에 다시 우리 교회에 나와서 함께 예배를 드렸다. 나는 그들을 위해서 일본 교회를 찾아보았으나 당시에는 없었다. 일본 교회 목사님께 인계하지 못한 채 그들과의 인연은 그것으로 끝났다.

그들의 계속적인 신앙생활을 위해 나는 기도하며 성령에게 맡길 수밖에 없었다. 그들을 새롭게 하늘나라의 자녀로 삼아 주신 사랑의 하나님은 전능하신 하나님이시니 반드시 그들을 돌봐 주실 것으로 믿는다. 일본에 돌아가서 건전한 신앙을 가진 일본 교회에 참석하여 계속해서 신앙이 자랄 수 있도록 인도해 주시기를 바라며 기도할 뿐이었다.

꿈 따라, 사랑 따라, 사명 따라

공중에서 예수님을 영접한 소련 여자

하나님은 나에게 개인전도의 은사를 주셨다. 형사의 눈에는 죄인만 보인다는 말이 있다. 그런데 나는 사람을 볼 때 이 사람이 예수님을 통해서 거저 주시는 하나님의 놀라운 사랑, 구원을 아는가 하는 것만 보인다. 시장에서도 그렇고, 또 어디 여행할 때도 그렇다. '혹시 하나님께서 이 사람을 내 옆에 앉히고 하나님의 놀라운 사랑을 알리게 하는 것은 아닌가?' 생각하게 된다.

구 소련이 붕괴하기 직전에 한인교회 목사 몇 명과 함께 나는 소련에 선교 여행을 가게 되었다. 구 소련 침례교단 총회장인 그레고리 코멘단트 목사(Rev. Gregory Komendant)의 초청으로

구 소련 우즈베키스탄의 타슈켄트에서 설교하며
(소련인 여자 통역이 영어를 소련 말로 통역하고 있다.-1991년)

1991년 4월에 우리 일행은 모스크바에 도착했다. 모스크바에서 일을 마치고 우즈베키스탄의 수도인 타슈켄트에서 용무를 마치고 돌아오는 비행기 안에서 일어난 일이다.

나의 왼쪽 좌석에는 동행하는 목사가 앉았고 오른쪽에는 젊은 소련 여자가 앉아 있었다. 그 여자는 타슈켄트 대학을 막 졸업한 24세 금발의 백인이었다. 그녀의 이름은 진(Gene)이었으며 천만다행으로 영어를 할 줄 알았다. 조심스럽게 서로 인사를 나누면서 나는 한국인으로 미국에서 미국 교회를 담임하는 목사임을 밝혔다. 대화 중에 나는 그녀에게 깊은 영적 갈급함이 있는 것을 알았다. 나는 옆에 앉은 동료 목사에게 기도를 부탁하고 그녀에게 전도하기 시작했다.

개인 전도를 위해서 항상 갖고 다니는 작은 책자 〈사영리

(Four Spiritual Law)〉를 가방에서 끄집어냈다. 하나는 그녀의 손에 맡기고 하나는 내가 읽으면서 차근차근 하나님이 그녀를 사랑하시며, 그녀에게 놀라운 생의 목적을 갖고 있는 것, 그리고 어떻게 예수님을 영접하는가, 어떻게 신앙생활을 하여야 되는가를 가르쳐 주었다. 그녀는 나의 말 한 마디 한 마디를 놓치지 않고 열심히 들었다. 모스크바 비행장이 가까워지면서 나는 기도하는 마음으로 성령에 의지하면서 예수님을 영접하기를 원하느냐고 물었다. 그녀는 조심스럽게 주위를 살피면서 심각한 표정으로 "예!"라고 대답했다. 그녀는 나를 따라 두 가지 기도를 하면서 예수님을 구세주로 영접하였다. 첫 번째는 예수님을 구세주로 영접한 것이고 두 번째는 죄인 된 자기를 당신의 자녀로 삼아 주신 하나님께 드리는 감사의 기도였다.

나는 앞으로 예수님과 그의 십자가를 강조하는 바른 교회를 선택하고 신앙생활을 충실히 잘할 것을 가르치고 성경을 구할 수 있느냐 물었다. 그녀는 성경을 구하기도 힘들고 또 너무나 비싸서 구입하기 힘들다고 했다. 마침 침례교 총회장이 자기 이름을 사인해서 선물로 준 러시아어 성경이 있었다. 타슈켄트를 떠나 4시간 후에 모스크바 공항에 도착하자마자 트렁크를 찾아서 러시아어 성경책을 그녀에게 주고는 브라질식 포옹으로 인사를 나누고 우리는 헤어졌다.

한국 교회에서 미국 교회로 막 전임하면서 아직 명함을 만들 기회가 없어서 주소를 그녀에게 주지 못했다. 미국에 돌아와서 그녀가 준 전화번호로 여러 번 전화했으나 통화가 되지 않았다.

가능하면 그녀를 미국에 데려다 신학 공부를 시켜서 소련의 복음 전도자로 만들 생각이었다. 그것은 제대로 성취되지 못했다. 그러나 얼마 후 인생길을 마치고 하늘나라에 가면 내가 전도한 여러 사람들을 만날 때 그 중에서도 구소련 하늘에서 주님께 인도한 진을 만날 것이다. 그런 생각을 할 때 가슴이 설렌다.

꿈 따라, 사랑 따라, 사명 따라

미국 교회도 싸웁니까?

결론부터 말하자면 물론 미국 교회도 싸울 수 있다. 그러나 그 방법이 한국 교회와는 다르다. 나는 한국 교회를 떠나면서 중간목회자로 펜실베이니아 주에 있는 세 미국 교회에서 목회할 기회가 있었다. 1991년 두 번째로 간 곳이 포츠빌 (Pottsville)에 있는 연합 장로교회였다. 포츠빌은 내가 있던 해리스버그의 동북 60마일 지점에 있는, 석탄이 많이 나던 곳이었다. 인구 2만 명의 작은 도시지만 석탄업으로 성공한 백만장자들이 많이 살았다.

그 연합 장로교회는 등록 교인이 500명 가까이 있었으나 내가 갔을 때는 주일 아침 예배에 불과 100명 정도만 참석했다. 교인들이 둘로 갈라져서 싸우고 있었던 것이다. 그 교회가 속한 노회는 장로교 리하이밸리(Lehigh Valley) 노회였다. 27년 동안 시무하던 목사가 은퇴하고 새로 목사가 와서 2년 후 교회가 둘로 갈라져서 싸우는 바람에 새로운 목사는 원치 않게 떠나 버리고 말았다. 나는 그 교회에서 중간목사로 2년 동안 시무하며 하나님의 은혜 가운데 모든 문제가 해결되고 주 안에서 다시 하나가 되는 것을 보았다. 그 후에 새로운 목사가 청빙되어서 오늘날까지 20여 년 동안 잘 운영되고 있다.

그 교회의 주요 문제는 다음과 같았다. 첫째로, 은퇴 목사와 새로 온 목사가 하나님께 받은 은사가 전혀 달랐다. 둘째로, 은퇴한 목사와 새로 온 목사 사이에 문제가 있었다. 셋째로, 따라서 당회에 문제가 있었다. 은퇴 목사와 새로 온 목사 두 분 다 설교는 잘했다. 은퇴 목사는 행정은 엉망진창이었지만 교인들을 사랑하고 대인관계가 좋았다. 새로 온 목사는 행정에 능숙했으나 대인관계가 미숙했다. 따라서 어려움에 봉착한 교인들을 사랑으로 만족스럽게 돌보지 못했다. 또한 그 은퇴 목사는 은퇴 후에도 교회와 가까운 곳에서 살고 있었다. 나는 이 여러 문제를 놓고 매주 한 번씩 금식기도를 하였다. 하나님은 이 모든 문제를 멋있게 해결해 주셨다.

첫째 문제는 설교와 성경공부를 통해서 교육으로 도왔다. 즉, 하나님은 각각 사람마다 특별하게 다른 은사를 주셨다는 것을 강조했다. 그 교회의 필요에 따라 하나님은 적합한 새 목사를 보내 주신다는 것을 가르쳤다. 둘째로 그 은퇴 목사가 가끔 와서 설교하는 것을 중지시키고 당분간 교인들에게 그를 방문하지 않도록 권고했다. 셋째로 당회 문제는 다음과 같이 해결했다.

이 교회는 12명의 당회원과 12명의 안수집사와 12명의 이사가 있었다. 그런데 문제는 이사회와 당회의 갈등이었다. 원래 이 교회는 여러 명의 백만장자들과 그 도시의 시장을 비롯한 유지들이 다니는 교회였다. 당회원들은 신앙에 따라 선출되었고 이사회는 유지들로 구성되어 있었다. 문제는 이사회가 오랫동안 월권 행위를 하여 당회에서 하는 여러 가지 일을 대신 담당해 왔다는 데 있었다. 이것이 이 교회의 전통이 되고 말았다.

교회에 가자마자 나는 모든 문제가 당회에 있다는 것을 알았다. 그래서 시무하는 2년 동안 제직수련회를 네 번씩이나 진행했다. 당회의 임무와 이사들의 임무가 무엇이라는 것을 철저하게 교육시키는 것이 나의 제일 큰 목적이었다. 그런데 문제는 이 제직수련회에 꼭 나와서 교육을 받아야 할 이사들은 참석을 하지 않고 문제가 없는 제직들이 열심히 온다는 것이었다. 나는 이사장직을 맡은 집사를 여러 번 심방하여 나의 친구로 만들었다. 그리고 세 번째 제직 수련회 때 이 이사회 회장이 참석했다.

당회의 임무와 이사회의 임무의 차이에 대한 강의를 할 때였다. 강의를 열심히 들은 후에 이사회장이 무릎을 치면서 "아, 우리가 지금까지 당회에서 하는 일을 많이 맡아서 해 왔습니다. 내가 우리 이사들을 소집할 터이니 이 제직 수련회를 다시 한 번 하도록 합시다!" 하고 말했다. 장로들이 너무나 기뻐서 "우리가 다음 토요일 여러분 이사들을 위해서 아침 식사를 대접하겠습니다"라고 말했다. 그 자리에는 12명의 이사 전부가 참석하였다. 앞치마를 두른 장로들이 정성껏 만든 아침 식사를 대접받고 제직 수련회가 시작되었다. 이 시간을 통해 나머지 이사들도 머리를 끄덕이며 자기들의 임무를 깨닫게 되었다. 당회와 이사회의 모든 갈등이 하루 아침에 해결되었다.

내가 그 교회를 떠나기 전에 교회의 모든 갈등은 완전히 해결되었다. 물론 이것은 주님이 하신 것이지만 하나님은 한국 목사인 나를 통해서 미국 교회의 문제를 해결하셨다. 나는 하나님께 한없이 감사드렸다. 많은 걱정을 하던 리하이벨리 노회의 총무와 지도자들은 크게 기뻐하며 나를 전문적 인터림(interim) 목사로 인정해 주었다. 따라서 다음의 교회에 인터림 목사로 가는데 적극적으로 추천해 주었다. 그래서 팟츠타운(Pottstown) 제일 장로교회에서 인터림 목사를 선택하는데 11명의 후보자 중에서 한국 목사인 나를 선택하게 된 것이다.

꿈 따라, 사랑 따라, 사명 따라

중간 목회(Interim Ministry)가 왜 필요한가?

인터림(interim) 목회를 한국어로 직역하면 '중간 목회'라고 할 수 있다. 한국 교회의 임시 담임목사에 해당하는 것이다. 미국에서는 중간 목회를 하려면 그 분야에 대한 전문적인 공부를 해야 한다는 점이 다르다. 교단에서 제정한 과정을 마치고 일종의 자격증을 받는다. 중간 목사의 역할은 교회에서 담임 목사가 은퇴하거나 어떤 사정으로 교회를 떠났을 때 다음 목사가 청빙되어 올 때까지 교회의 모든 목회를 담당하는 것이다. 장차 새로 부임한 목사가 와서 효과적으로 목회할 수 있도록 교인들을 준비시키는 것이다.

다시 말하자면 중간 목회자는 주로 두 가지 중요한 사역을 맡는다. 하나는 다음 목사가 올 때까지 교회의 정상적인 행사를 맡아 수행하는 것이다. 즉 예배, 설교, 교회 행정, 심방, 세례와 성찬, 결혼식과 장례식 등을 맡는다. 둘째로, 다음 목사가 와서 아무 어려움 없이 목회를 잘할 수 있도록 교회의 여러 문제를 해결하고 성도들이 새 목회자를 잘 맞이할 수 있도록 준비시키는 것이다. 예수님이 세상에 오실 때 세례 요한이 먼저 준비한 것과 비교할 수 있다.

한국 교회에서는 중간 목회 제도가 새롭지만 미국에서는 1970년대부터 시작되어 거의 모든 교회에서 사용하고 있다. 필자가 속한 미국 장로교에서는 교회에서 목사가 떠나고 다음 목회자가 올 때까지 노회의 지시 하에 중간 목회자를 반드시 세워야 한다. 통계에 의하면 중간 목회자의 평균 근속 기간은 18개월이다.

어느 교회나 문제가 있게 마련이다. 그것은 교회란 건물이 아니고 교회에 나오는 사람들이기 때문이다. 사람이란 누구나 문제가 있을 뿐만 아니라 각자 자신이 문제이다. 그러므로 사람들이 모여서 함께 예배드리고 봉사하며 선교를 하노라면 정도의 차이는 있지만, 어느 교회나 문제가 발생한다. 따라서 중간 목회 제도가 중요한 역할을 하고 있다.

일반적으로 교회에서 물러날 목사가 훌륭하면 훌륭할수록 다음에 오는 목회자를 위해서 중간 목회가 절실히 필요하다. 실례를 들면, 한국에 큰 교회가 있는데 담임목사가 은퇴한 지 벌써 30년이 넘었다. 그러나 여러 훌륭한 목사들이 왔지만 아직도 그 교회는 대단히 어렵다.

그 주요 원인은 교회를 창설하고 세계적인 교회로 발전시킨 전임 목사가 너무나 훌륭했기 때문에 어떤 후임자가 와도 비교되었기 때문이다. 더 훌륭한 목사가 오지 않는 한 교인들을 만족시킬 수 없다. 그와 같이 훌륭한 목사가 아닐지라도 오랫동안 유아 세례, 결혼식, 장례식을 치르며 교인들의 아버지와 같은 역할을 한 목사의 자리를 후임자가 채운다는 것이 보통 어려운 일이 아니다. 이런 문제를 해결하기 위해 전문적 지식을 갖춘 중간 목사가 필요한 것이다.

중간 목회자는 다음과 같은 몇가지 원칙을 교인들에게 가르쳐야 한다.

첫째, 새로 오는 목회자를 전임자와 절대로 비교해서는 안 된다는 것을 강조하여야 한다. 하나님은 우리 각 사람을 특별하게 창조하셨고 사람마다 특별한 은사를 주셨음을 인식시킨다.

둘째, 새로 오는 목사에 대해서 지나치게 기대하지 않도록 교인들을 교육시켜야 한다. 마치 배우자를 찾을 때 여러 조건이 맞는 훌륭한 사람을 만나는 것도 중요하지만 자기 자신이 먼저 올바른 배우자로 서야 하는 것처럼 새로 오는 목회자를 잘 받아들일 수 있는 훌륭한 교인들이 되도록 지도한다.

셋째, 그 교회의 특징과 약점, 잠재력 등에 대해 발견할 수 있도록 교인들을 인도한다.

넷째, 기도를 많이 하면서 교회에 적합한 새 목회자를 청빙할 수 있도록 도와야 한다. 일단 새 목회자를 청빙하면 하나님께서 보내주신 것으로 알고 받아들일 수 있도록 한다.

한 가지 또 중요한 것은 은퇴하는 목회자가 반드시 그 교회를 떠나야 한다는 것이다. 자동차로 1시간 이상 걸리는 곳에 집을 마련하고 교우들과 가까이 지내지 않는 것이 새로 오는 목사와 그 교회를 위해서 덕이 된다.

제7부 목회 은퇴와 새 사역

내가 속한 미국 장로교회 제도는 65세에 자진 은퇴, 70세에는 의무적인 은퇴를 하게 되어 있다. 1995년 65세가 되면서 나는 교회에서 은퇴하기로 하였다. 그러나 복음의 열정을 지닌 나로서는 죽을 때까지 은퇴로 그냥 쉴 생각이 없었다. 사실 은퇴란 영어로 retirement인데 나에게는 마치 자동차에 타이어를 새로 갈고 새롭게 출발을 하는 인생의 변환기(The Era of Transition)였다. 따라서 은퇴를 앞두고 하나님께 간절한 기도를 하였다. 원래 38선과 6.25전쟁이 없었으면 나는 절대로 목사가 될 사람이 아니었다. 미국에 와서 공부하고 미국 교회와 한인교회에서 목회하고 남미에서도 선교하다 보니 나 자신도 모르게 하나님은 나를 국제적인 사람으로 만드셨다. 그러므로 나로 하여금 국제적으로 사역할 수 있도록 해 달라고 하나님께 기도로 간구하고 있었다. 하나님은 나의 기도에 멋지게 응답하셨다.

꿈 따라, 사랑 따라, 사명 따라

나는 이렇게 아케디아 대학 교수가 되었다

나는 생일이 7월이기 때문에 1995년 7월에 은퇴하게 되어 있었다. 은퇴 2개월 전 5월 어느 날 아케디아(Arcadia) 대학에서 필라델피아에 있는 한국 목사들을 초청하여 점심을 대접하였다. 당시 필라델피아에는 약 7만 명의 한국인과 150개의 한국인 교회가 있었다. 그 회의에 참석한 수십 명의 한국인 목사 중 나는 우연히 여자 총장인 베티 랜드먼 박사(Dr. Bette Landman) 옆에서 식사하게 되었다.

식사 전에 랜드먼 박사는 대학을 소개하는 연설을 하였다. 아케디아 대학의 몇 가지 중요한 특징을 말하면서 그 중에 국제화

아케디아(Arcadia) 대학 여자 총장
베티 랜드먼 박사(Dr. Bette Landman)와 함께(1997년)

에 대해서 강조하였다. 그 대학은 내가 속한 장로교의 대학인데, 세계 여러 나라의 대학교와 자매결연을 맺고 학생들의 교육을 국제화시킨다는 것을 강조했다. 식사를 하면서 서로 인사를 나누며 나를 소개했다.

나는 미 장로교 목사로서 2개월 후에 은퇴하는데 아직 건강하기 때문에 계속 일할 수 있는 직장을 찾고 있다고 말했다. 총장에게 대학이 강조하는 국제화에 대해서 내가 도움이 될 수 없느냐고 물었다. 유심히 듣던 총장은 내가 과거 4개 국어로 설교했다는 말을 듣자마자 따로 만나고 싶다고 했다. 스위스나 이탈리아 등 유럽 사람들은 3, 4개 국어를 하는 것이 보통이지만 미국에서는 특별하게 들릴 수 있었다.

아케디아 대학에서 목회 상담학을 가르칠 때
미주 동아일보 임보현 사장과 함께(1999년)

다음날 총장은 2주일 후 화요일에 아침 식사를 같이 하자고 우리 부부를 초청했다. 그날 아침 대학을 찾아가자 총장은 7명의 부총장 중 세 사람을 초청하여 그레이 타워(Grey Tower) 본관에 있는 아름다운 객실에서 식사를 준비하고 기다리고 있었다.

랜드먼 총장이 직접 커피를 따라 주면서 즐겁게 면담했다. 부총장들은 총장과 함께 대학의 모든 중요한 일을 결정하는 집행위원회 회원들이었다. 총장은 그 자리에서 나를 채용했다. 처음에는 외국학생 입학 허가 고문이라는 직책이었다. 3년 후에는 목회 상담학 교수로 목회 심리학을 7년 동안 가르치게 되었다. 좋으신 하나님은 기대 이상으로 기도에 멋있게 응답하셨다.

아케디아 대학은 1853년에 미국의 5개 여자대학 중 하나인

비버 칼리지(Beaver College)로 시작되었다. 장로교가 창설한 67개 대학 중 하나로 지금은 남녀공학이 되었는데, 학생은 약 3,000명으로 수년 전 아케디아 대학(Arcadia University)으로 개명하였다. 물리치료학과 국제적 교환학교로 미국에 알려져 있다. 물리치료는 박사 학위까지 제공하며 하버드 대학이나 예일 대학 등과 대등한 전국 10대 대학 중 하나이다. 국제교육센터에서는 본 대학생뿐만 아니라 미국 전 지역으로 매년 약 5천 명의 학생들을 세계 여러 나라에 교환학생으로 보내고 있다. 또 이 대학은 한인촌이라 할 수 있는 필라델피아의 5가에서 멀지 않는 거리에 있다.

나는 7월 말에 목회를 마치자마자 1개월 쉬고 9월 새학기부터 아케디아 대학에서 근무했다. 일을 시작하자마자 총장과 함께 한국으로 여행을 떠났다. 오랫동안 조국을 떠나 사니 나이가 들면 들수록 한국이 더 그리워졌다. 사비로라도 방문하고 싶은 조국을 대학의 공무로 여러 차례 방문하니 무척 기뻤다.

아케디아 대학은 지금까지 주로 유럽의 여러 나라, 오스트레일리아와 멕시코 등의 대학과 학생을 교환하였으나 앞으로 아시아 여러 나라의 대학과도 교환제도를 행할 계획이었다. 마침 그때 내가 이 대학에서 일하게 된 것이다. 총장과 함께 한국에 나가 연세대, 이화여대, 대구의 계명대학 등 세 대학과 자매결연을 맺었다.

총장은 1995년 나와 함께 처음으로 한국을 방문하며 너무나 크게 발전한 한국과 한국의 대학들을 보고 감탄하였다. 한국에 있는 동안 나는 몇몇 큰 교회에서 설교를 했다. 총장은 눈부시게 발전한 한국 교회에서 예배드리면서 또 한 번 크게 감동을 받았다.

공식적으로 세 대학과 자매결연을 맺은 후에도 나는 여러 번 한국에 다녀왔다. 국제 교환원의 원장이자 아케디아 대학의 부총장인 데이빗 라슨(David Larson) 박사와 함께 한국에 가서 자매결연을 법적으로 완수하였다. 그 후에도 한국, 일본, 브라질, 아르헨티나, 파라과이 등 여러 나라를 방문했다. 3년 동안 외국학생 입학 고문관으로 일을 마치고 다음 7년은 대학원에서 목회 심리학을 가르쳤다. 또한 필라델피아의 흑인 신학교(Center for Urban Theological Studies)와 워싱턴 D.C에 있는 미국 신학대학원(Capital Bible Seminary)에서도 가르쳤다.

한 가지 재미있는 것이 있다. 목회를 하면 많은 사람들과 교제하며 대인관계를 갖는다. 대인관계란 즐거운 면도 있지만 때로는 어렵고 스트레스를 받는다. 대학에서도 학생들과 교제한다. 그러나 큰 차이가 있다. 교회 성도들은 봉급도 받지 않고 자진해서 봉사하는 사람들이다. 학생들은 공부와 학위를 위해서 수업료까지 내면서 될 수 있는 대로 교수에게 잘 보이려고 노력한다. 강의를 잘 듣고 숙제를 열심히 하고 좋은 성적으로 시험을 통과하려고 노력하는 학생들과의 교제는 자원자(volunteer)인 교인들과의 교제와는 달리, 별로 스트레스가 없는 아주 편한 직책인 것이다.

꿈 따라, 사랑 따라, 사명 따라

미국 유학 성공의 10가지 비결(십계명)

허호익 목사 저서

나는 7년 동안 미국과 남미에서 많은 대학생들을 상대로 복음을 전했다. 또 아케디아 대학에서 목회 상담학 교수로 가르치기 전에 3년 동안 외국학생 입학 고문관으로 일하며 많은 외국학생들을 상담하였다. 만일 한국에서 미국 유학을 준비하는 학생이 질문한다면 나는 이렇게 대답할 것이다.

1) 미국에 유학 가는 것이 좋습니까?

미국에서 공부하는 것은 세계 여러 나라의 많은 젊은이들이 갖는 꿈이다. 그러나 미국 유학이 덮어놓고 누구에게나 좋은 것은 아니다. 학생의 특수한 환경과 배경에 따라 좋을 수도 있고 나쁠 수도 있다. "남이 다 가니까 나도 갑니다", 혹은 "부모님이 가라고 하니까", 그런 정도의 이유라면 가지 않는 것이 더 좋다. 그러나 많은 생각과 기도 가운데 나에게 맡겨진 달란트를 개발하는 데 최선의 길이라고 생각된다면 유학하는 것이 좋다. 유학 가는 이유가 분명해야 하는 것이다.

2) 미국에서 어떤 대학에 가는 것이 좋습니까?

한국에서는 무조건 이름 있는 일류 대학에 가야 한다는 '일류병'이 있다. 원하는 대학에 떨어지면 1년 더, 아니 2년을 더 공부해서라도 일류 대학에 가야 된다고 생각한다. 미국에서도 아이비리그 대학에 입학하면 자랑으로 생각한다. 그러나 무리하는 것은 삼가야 한다. 얼마 전에 미국에서 17세 한국 학생이 자살한 사건이 있었다. 공부도 잘하고 교회에서도 학생회장으로서 많은 친구가 있는 명랑한 학생이었다. 원인을 찾아 헤매던 부모는 아들의 책상에서 두 개의 편지를 발견했다. 하나는 하버드 대학에서, 또 하나는 스탠포드 대학에서 온 편지였다. 전자는 합격하지 못했다는 편지이고 후자는 합격했다는 편지였다. 아이는 이민 와서 고생하며 아들이 하버드에 들어가기를 학수고대하던 부모님에게 좋은 소식을 전하지 못하여 자살한 것이다. 이 두 학교는 미국은 물론 세계적으로 명문대학이지만 한국 부모는 하버드는 잘 알고 스탠포드는 몰랐다. 얼마나 안타까운 일인가?

사실, 경우에 따라 큰 대학보다 작은 대학에 가는 것이 더 유리할 때가 있다. 대학원은 유명한 교수들을 찾아 큰 대학에 갈 수 있으면 좋다. 그러나 학부는 작은 대학이 더 좋을 수가 있다.

크고 이름난 대학에 가면 노벨상을 받은 유명한 교수들이 많다. 그러나 그런 교수는 특강과 책 쓰는 데 바빠서 학부 학생들은 얼굴도 볼 수 없다. 흔히 그런 교수 밑에서 공부하는 대학원 학생 조교의 강의를 듣는 수가 많다.

외국학생으로 낯선 나라에서 공장처럼 복잡한 큰 대학보다는 조용하고 가족적인 분위기 속에서 착실히 공부할 수 있는 작은 대학이 더 이상적이다. 내 맏아들 데이빗은 학비가 싼 2년제 주립대학을 우수한 성적으로 마쳤다. 후에 공과대학으로 잘 알려진 벅넬(Bucknell) 대학에서 전액 장학금으로 대학을 마쳤다. 사실 데이빗은 하버드나 스탠포드 대학에도 갈 수 있었다. 그러나 리처드 닉슨(Richard Nixon) 대통령이 예일 법대 대신 듀크 법대를 선택한 것처럼 집에서 가까운 벅넬 대학을 선택한 것이다. 한국에서는 일류 대학에 가야 하지만 미국에서는 조건이 잘 맞는 곳이 가장 좋은 학교이다.

3) 미국의 어느 곳에 가는 곳이 좋습니까?

미국은 어느 곳이나 살기 편하다. 그러므로 자기 전공분야와 경제적으로 맞는 곳이면 좋다고 본다. 지금은 미국의 어느 대학에 가도 한국 학생들이 많이 있다. 될 수 있는 대로 한국 학생들끼리 모여서 한국말로 시간을 보내는 대신 다른 나라 학생들과 영어로 사귀는 것이 더 좋다. 또한 여러 나라에서 온 학생들을 통해서 그 나라의 실정을 공부하며 장차 중요한 국제적 동문을 얻을 수도 있다. 또한 전공분야에 따라서 대학을 선택하는 것도 바람직하다. 실례를 들자면 정치학 전공의 학생은 유엔본부가 있는 뉴욕이나 미국의 수도인 워싱턴 D.C 근처에 가는 것도 장래 직장을 선택하는 데 도움이 될 수 있다.

4) 미국에서 고학할 수 있습니까?

50여 년 전 내가 미국에서 유학할 때는 고학하기가 쉬웠다. 제2차 세계대전으로 모든 나라들이 파괴되었을 때 미국은 경제대국이었다. 또한 그때는 미국 내에 외국 학생이 많지 않았고 장차 세계 여러 나라의 지도자가 될 유학생들을 적극적으로 도왔다. 따라서 외국 학생들이 장학금 받기가 더 쉬웠다. 지금은 반대로 미국의 경제사정이 어려워져서 국가에 세금을 바치는 미국 자녀들이 외국 학생들보다 장학금 받기가 쉽다.

5) 장학금은 어떻게 받을 수 있습니까?

미국 대학에는 여러 가지 장학금이 있으나 크게 두 가지로 말할 수 있다. 하나는 실력에 따라 받는 공로(Merit) 장학금이고 또 하나는 경제적 필요에 따라 받는 장학금이다. 전자는 외국 학생도 받을 수 있지만 후자는 세금을 내는 미국 시민만이 받을 수 있다. 그 외에 학교에서 일하면서 받는 근로장학금(work scholarship)이 있다. 학교와 정부를 통해 대학 융자금(college loan)으로 공부하고 졸업 후 수년 동안 갚는 제도도 있다.

6) 기숙사와 민간인 집 사이에 어느 곳에서 지내는 것이 좋습니까?

기숙사는 대개 캠퍼스 안에 있고 민간인 집은 대개 대학가에 있다. 기숙사처럼 민간 집에서도 방과 식사는 물론 계약에 따라 교통편도 제공한다. 기숙사에서는 장차 사회생활에 중요한 동문이 될 미국 학생뿐만 아니라 세계 여러 나라에서 온 학생들과 폭넓게 교제할 수 있다. 민간인 집에서는 가족과 함께 살면서 친밀한 교제를 할 수 있으므로 미국 문화를 좀더 개인적으로 공부할 수 있는 장점이 있다. 필자의 생각으로는 양쪽 다 좋다고 본다.

7) 공립학교와 사립학교 중 어느 것이 더 좋습니까?

미국 정부에서 운영하는 웨스트포인트 같은 특수한 경우를 제외하고 대학을 크게 두 가지로 나눌 수 있다. 공립학교와 사립학교다. 전자는 주로 미국의 51개 주의 각 주정부에서 운영하는 학교를 말한다. 이들은 대개 학비가 사립학교보다 싸지만 세금을 내는 주민들보다 타주나 외국에서 온 학생들은 학비를 좀더 낸다. 주립대학 가운데 2년제인 커뮤니티(community) 대학은 학비가 더 싸다. 그 주의 주민이라면 누구나 들어갈 수 있다. 따라서 학생들의 실력이 일반적으로 낮다. 그러나 성적만 좋으면 이 초급대학을 졸업하고 하버드 대학에도 진학할 수 있다.

북미와 남미 교육제도에는 큰 차이가 있다. 북미에 이민 온 초대 이민자들은 미국과 캐나다에서 살기 위해 왔다. 그러므로 오자마자 교회와 학교를 세웠다. 주로 교회에서 많은 학교를 세웠다. 내가 속한 미국 장로교는 67개의 대학을 세웠다. 교회에서 세운 학교 중 후에 유명해진 곳은 하버드, 예일, 프린스턴, 듀크 등의 대학이다.

중남미는 다르다. 금이 많이 난다는 소문을 듣고 부자가 되어 집에 돌아갈 생각으로 왔기 때문에 오랫동안 학교를 짓지 않았다. 돈을 번 사람들은 자식들을 조국인 스페인, 포르투갈로 유학을 보낸 것이다. 그래서 후에 대학을 많이 세웠지만 북미와는 사정이 다르다.

8) 미국 대학과 한국 대학의 제일 큰 차이는 무엇입니까?
한국에서는 일류 대학을 나와야 취직은 물론 결혼도 잘하고 일평생 사람 대접을 받고 살 수 있다. 따라서 고등학교 시절에 머리를 싸매고 좋은 성적을 내기 위해서 열심히 공부한다. 그러나 일단 대학에 들어가면 많은 학생들이 큰 노력 없이 졸업하려고 한다. 반면 미국에서는 고등학교 시절에 많이 놀다가 일단 대학에 들어가면 더 열심히 공부한다. 미국에서는 대학에 들어가기는 비교적 쉽지만 졸업하기는 대단히 어렵다.

9) 미국 유학생의 자격이 무엇입니까?
두 가지 자격이 필수적이다. 즉, 학비를 조달할 수 있는 경제력과 높은 수준의 학력이다. 미국 대학에 입학할 때 네 가지 중요한 자격이 필요하다. 첫째는 고등학교 성적표, 둘째로 SAT (Scholastic Aptitude Test)라는 국가고시 성적, 셋째로는 교장이나 담임선생의 추천서, 넷째로 과외활동(음악, 운동, 예술 등)과 자원봉사 활동 등이다. 공부 외에 사회생활을 통해서 발휘하는 지도력을 매우 중요시한다.

이 외에 유학생으로서 대단히 중요한 것이 더 있다. 그것은 영어 실력이다. 토플(Test of English as a Foreign Language)을 패스해야 한다. 각 학교마다 기준이 다르지만 대개 520점 이상을 받아야 한다. 약간 부족한 경우에는 대학에 가서 영어 공부를 더 해서 토플 시험에 합격한다는 조건으로 입학을 허락하는 수도 있다.

10) 미국 유학 수속을 어떻게 하여야 합니까?

미 대사관의 도서관이나 국립 도서관에서 미국 대학에 대한 정보를 참고하여야 한다. 전공분야와 학비 등에 관하여 자기에게 가장 적합한 대학을 선택하면 된다. 적어도 3개 이상의 학교에 편지하여 입학원서를 받고 모든 서류를 구비해서 제출해야 한다. 대개는 입학 수속에 많은 시간이 걸린다. 그러므로 미리 시간을 갖고 절차를 밟아야 한다. 미국에서 시작하는 9월 학기에 입학하려면 적어도 1년 전부터 수속을 시작한다. 제한된 장학금(scholarship)이 다 없어지기 전에 수속을 빨리하면 유리하다.

미 대사관에서 비자를 받는 데 필요한 것은 두 가지이다. 미국 대학에서 정식으로 입학되었다는 I-20 Form이란 편지와 학비를 조달할 수 있다는 재정 보증서가 그것이다. 50년 전 내가 미국에 유학 올 때는 꼭 미국 시민자라야만 재정 보증인이 될 수 있었다. 그러나 지금은 누구라도 학비를 조달할 수 있는 사람은 재정 보증인이 될 수 있다.

꿈 따라, 사랑 따라, 사명 따라

미국 입국 비자를 받는 방법

최근(2005년)에 출판된 책 《The World Is Flat》의 저자 토머스 프리드먼(Thomas Friedman)은 저서 192쪽에 미국 비자를 받는 데 대해서 이렇게 적고 있다.

"세계 여러 나라에서 머리가 좋고 우수한 청년들이 미국에 입국하기 위해 줄을 서고 있다. 특히 중국과 인도의 미국 대사관에는 비자를 받기 위해 기다리는 줄이 너무나 길기 때문에 밤을 새우며 자리를 지켰다가 돈을 받고 그 자리를 파는 사람들도 있다.

중국 북경에서 일어난 일이다. 새로 부임한 부영사가 비자를 받기 위해 줄을 선 학생들을 심사하고 있었다. 왜 미국에 가려고 하느냐는 질문에 대해서 어떻게 말하면 된다는 풍문을 들은 학생마다 미국에서 유명한 교수가 되겠다는 대답만 한결같이 했다고 한다. 심사하는 사람은 똑같은 말을 계속 들으며 귀가 피곤할 정도였다. 그런데 한 학생이 이렇게 말했다. '나의 어머니는 인조 팔을 쓰고 있습니다. 미국에 가서 어머니를 위해 좀더 훌륭한 인조 팔을 만드는 공부를 하려고 합니다.' 그 부영사는 '오늘 당신처럼 좋은 이유를 말한 학생은 한사람도 없었습니다. 비자를 주겠습니다!'라고 말하며 그 자리에서 내 주었다."

브라질에서 선교사로 있는 동안 많은 사람들을 미 대사관에 데리고 가서 미국 비자를 받도록 도와주었다. 특히 내가 시무하던 교회 교인들의 자녀는 한 사람도 예외 없이 도와주었다. 비자를 내 주기 전에 부영사는 묻는다. "미국 갔다가 꼭 돌아오겠습니까?" "예"라고 대답하는 교인에게 부영사는 다시 묻는다. "목사님 앞에서 약속한 것이니 틀림없겠지요?" 교인들은 "물론 꼭 돌아옵니다!"라고 약속한다. 그러나 불행히도 돌아오는 사람은 한 사람도 없었다. 3, 4년 후에는 내가 교인들을 데리고 가도 비자를 내 주지 않았다. 한국인을 믿지 못하는 것이었다.

그런데 1974년 브라질에서 이런 일이 있었다. 하루는 성결교회 임호연 장로가 우리 집을 찾아왔다. 임 장로는 신앙이 좋고 정직하고 사업도 크게 하는 사람으로 이민사회에서 존경받는 사람이었다. 그가 말하기를 자기의 딸 정화가 미국에 유학을 가는데 미 대사관에서 비자를 내 주지 않아서 큰일 났다고 했다. 필요한 서류를 완전히 구비하여 제출했고 포르투갈어 시험까지 보고 합격했지만 비자를 주지 않는다는 것이었다. 어떻게 할 바를 몰라서 나를 찾아왔다고 한다. 그 말을 듣고 마음이 괴롭고 화가 날 정도였다.

다음 날 정화를 데리고 미 대사관에 갔다. 가서 담당 부영사를 만나 먼저 정화가 제출하여야 할 서류에 대해서 물었다. 모든 서류가 제출되었고 포르투갈어 시험에 합격한 것도 확인되었다. 그럼에도 비자를 내 주지 않는 이유를 물었으나 아무런 시원한 대답이 없었다. 나는 큰 목소리로 "나는 미국 시민으로서 버지니아 주 국회의원에게 당장 너의 이름과 잘못을 보고하겠다"라고 말했다. 그러자 부영사는 당황하면서 그 자리에서 정화에게 비자를 주었다.

오랜 세월이 지난 오늘날도 모든 서류를 갖춘 정화에게 비자를 주지 않은 이유를 알 수가 없다. 문화적 차이로 인터뷰 과정에서 오해나 감정이 생긴 것일까? 임 장로의 딸 정화는 미국에 가서 대학을 마치고 좋은 사람과 결혼하여 지금은 펜실베이니아 주에서 잘 살고 있다. 정화가 공부를 마쳤을 때, 좋은 신랑을 만나 결혼할 때, 그리고 좋은 일이 생길 때마다 임호연 장로는 우리 집을 찾아와서 함께 하나님께 감사하며 기쁨을 나누곤 했다.

우리가 브라질에 선교사로 있는 동안 (1967-1979) 많은 한국 사람들이 남미를 거쳐서 미국으로 이민 갔다. 어떤 사람들은 브라질에 도착하기도 전에 이미 최후 이민 목적지로 미국을 정해 두었다. 그래서 교인들을 심방할 때 보면 미국에 가기 위해서 아직 짐을 반밖에 풀지 않고 사는 사람들도 많았다. 미국의 사정을 잘 아는 선교사로서 나는 미국에 이민 가려고 노력하는 사람들을 많이 도왔다.

그런데 미국에 이민 간다는 것 자체가 쉬운 일이 아닌데 그것을 더 힘들게 만드는 것이 우리 한국 사람들이었다. 미국은 1965년에 이민법을 대대적으로 개정하였다. 지금까지는 이민 쿼터 제도에 따라 주로 유럽 사람들만 이민할 수 있었다. 그러나 1965년 이후 세계 모든 나라 사람들이 미국에 이민 갈 수 있도록 개방되었다. 이제 수속만 하면 한국 사람들도 얼마든지 미국에 갈 수 있다. 그래서 나는 기회가 있는 대로 한국 사람들에게 미국 이민법의 개정에 대해서 설명해 주었다. 당시 한국 사람들이 법적으로 수속을 밟고 브라질에서 미국으로 이민 가는 데 약 1년밖에 안 걸렸다.

하지만 문제가 있었다. 나의 말을 듣고 정식으로 수속을 밟고 미국에 이민 간 사람들도 있었다. 그러나 많은 한국 사람들은 정식으로 수속을 하지 않고 여행 비자로 입국하여 후에 법적 문제를 해결하기 위해 많은 시간과 돈을 허비했다. 뿐만 아니라 후에 미국에 이민 가는 한국 사람들을 어렵게 만들었다. 새롭게 개정된 미국 이민법을 확실히 알지 못했던 것, 남은 어떻게 되든 우선 나만 가면 된다는 잘못된 생각, 법적으로 수속하면 시간이 많이 걸린다는 오해, 이민 수속을 정식으로 하다가 잘못되면 평생 미국에 갈 수 없다는 풍문 등이 그 원인이었다.

일본인은 한국을 식민지화하고 정치적, 경제적으로 많은 착취를 하였다. 그러나 그보다도 더 가혹한 착취는 우리를 제2의 국민으로 만들기 위해 노예 근성을 심은 것이었다. 한국인을 무능하고 책임감이 없는 사람으로 만들려고 노력한 것이다. 따라서 한국인에게 법에 대한 무관심과 무책임감을 심어 주었다. 법을 말할 때 정복자들에게 유익하게 법을 만들었기 때문에 일본정부의 법은 한국 사람으로서 지키면 손해요 지키지 않는 것이 상책이었다. 이러한 역사적 문화적 배경 때문에 브라질에 이민 온 한국 사람들은 당시 국제적인 이민생활에서 일본 사람들처럼 존경을 받을 줄을 몰랐다. 국제무대에서 이민 생활을 하면서 우리는 한국 사람이 얼마나 훌륭한 민족이라는 자중심과 소유권을 가지고 남으로부터 존경받는 사람들이 되도록 노력하는 것이 중요한 과제였다.

일본인은 자부심을 갖고 있다. '나는 일본인이다! 미국에 못 가면 못 가지 거짓말까지 하면서 가고 싶지는 않다!' 는 태도를 갖고 있는 것이다. 우리 한국 사람은 그런 민족적인 자부심이 아직 없었다. 그리고 나만 미국에 가면 된다는 생각으로 후에 다른 한국인들이 미국 이민 수속을 할 과정에서 겪을 일에 대해서는 생각하지 못했다.

한 가지 실례를 들겠다. 바쁘고 혼잡한 상파울루 공항에 외국 손님들이 내릴 때 미국과 일본 여권을 가진 사람들은 무사 통과시켰다. 그러나 한국을 포함한 딴 나라 사람들은 철저한 조사를 받아야만 했다. 한번은 한국에서 유명한 목사가 부흥회 강사로 도착하였다. 충현교회 김창인 목사인데 공항에서 철저한 조사를 받았다. 그러나 일본에서 온 머리를 빡빡 깎은 이름 없는 두 명의 젊은 중들은 일본 여권을 가지고 무사 통과하였다. 우리 한국인은 절대로 일본인보다 못한 것이 없다. 우리도 국제무대에서 일본인 못지않게 존경받는 사람들이 되어야 한다. 그러기 위해서는 우선 법을 존경할 줄 아는 민족이 되어야 한다. 남의 나라에서 살면서 그 나라의 법을 존중하며 존경받는 시민이 될 때 존경받는 민족이 되는 것이다.

꿈 따라, 사랑 따라, 사명 따라

미주 세선회를 창설하다

장성 허버트 목사 지시

아케디아 대학에서 가르치면서 나는 항상 마음에 두고 있던 세계 선교를 시작하기로 결심했다. 한국에서 활발하게 선교하고 있는 세선회 사무총장이자 사랑하는 친구인 김철우 장로가 미국을 다녀갈 때마다 나는 그와 함께 선교하기로 작정했다. 많은 기도를 한 후 1997년 5월에 펜실베이니아 주 앨런타운의 리하이벨리 한인교회에서 예배를 드리는 것으로 미주 세선회가 창립되었다. 집행이사로 설의돈(Benjamin Sheldon) 목사와 폴 톰스(Paul Toms) 목사, 에드워드 로캐프(Edward Rocap) 장로가 주동이 되고 최병호 목사는 부회장, 박태문 목사는 총무, 내가 회장직을 맡았다. 성령에 충만한 파라과이의 선교사 강두

호 목사의 은혜 넘치는 설교로 미주 세선회가 탄생했다.

　미 연방정부와 펜실베이니아 주정부 법에 의해 창설된 미주 세선회는 "모든 족속으로 제자를 삼으라"(마 28:18-20)는 예수님의 지상명령을 수행하기 위해서 창설되었다. 한국의 세선회와 협력하여 사역을 감당하는데 한국 세선회는 중국과 몽골 선교에 집중하고 미주 세선회는 중남미 여러 나라의 선교에 주력하기로 하였다.
　놀라운 성령의 역사로 중남미 여러 나라에 수많은 교회들이 생겨나고 있다. 그러나 대다수의 목회자와 평신도 지도자들은 자신의 생계를 유지하기 위해 일하면서 열악한 교회들을 돌보고 있는 형편이다. 따라서 영적 지도자로서 바른 신앙 교육을 받을 수 없는 딱한 환경에 놓여 있다.

　그러므로 본 선교회는 지도자 수련회 및 신앙 교육 세미나를 통해 교회 지도자들에게 영적 지도력을 가르치기로 했다. 특히 중남미 신학 선교회와 함께 중남미 각국의 원주민 영적 지도자를 위한 여러 신학교를 설립하고 바른 신학 교육을 지원하여 원주민 영적 지도자들을 양성하기로 하였다.
　같이 일하는 중남미 신학 선교회 회장 권순무 목사는 고등학교 후배로서, 브라질에서 엔지니어로 일하고 미국에서 사업을 크게 하다가 하나님의 부르심을 받고 신학교에 갔다. 라틴 신학교에서 공부했기 때문에 영어와 포르투갈어뿐만 아니라 스페인어를 자유롭게 구사할 수 있다. 이미 사비로 온두라스, 엘살바도르와 니카라과에 신학교를 세우고 우리 미주 세선회와 함께 코

미주 세선회 창립예배(앞줄 왼쪽에서 두 번째 필자 부부, 가운데 설의돈 목사 부부, 1997년)

스타리카에도 신학교를 세웠다.

미주 세선회 총무 박태문 목사는 필라델피아에 있는 서울장로교회의 담임목사로서, 바쁜 중에도 북미는 물론 한국과 일본, 중국과 중남미에서 목회자 세미나를 통해서 수많은 목사와 선교사 원주민 영적 지도자들을 양성하고 있다. 여섯 권의 책을 쓴 저자로서 최근에 일곱 번째 책, 케이르 성경 공부(Keir Bible Study - I)를 발간하고 수련회에서 강의 자료로 효과적으로 사용하고 있다.

그는 박사 학위를 공부하기 전 내가 아케디아 대학 대학원에서 가르칠 때 여러 코스를 우수한 성적으로 수학한 학자적인 목사이다. 나의 제자인 그가 지금은 전 세계를 상대로 열심히 교육선교를 하는 모습을 볼 때 자랑스럽고 하나님께 감사드린다.

세선 가정상담연구원

미주 세선회는 중남미 국가들을 상대로 선교하면서 2001년 3월에 필라델피아의 한국인 동포들을 위해서 가정상담원을 개원했다. 고달픈 이민의 삶 속에서 마음의 상처와 고민을 치유함으로 행복하고 풍성한 삶을 살도록 돕기 위하여 많은 사람들의 기도와 후원 속에 시작했다.

비참한 한국전쟁 직후 내가 1954년에 미국에 유학 왔을 때의 한국과 오늘날의 한국 이민자들의 삶을 비교해 볼 때 그 짧은 시일 동안 너무나 눈부신 발전을 한 것을 볼 수 있다. 한국 사람들은 참으로 놀랄 정도로 잘 살고 있다. 이 눈부신 발전을 보아 우

세션 가정상담연구원 창립예배
(뒷줄 오른쪽부터 한국의 세선회 이사 박형종, 김철우 두 장로, 2000년 7월)

리가 얼마나 우수한 민족인가 짐작할 수 있다.

그러나 거칠고 고달픈 광야 같은 이민 생활에서 일구어 낸 놀라운 외면적 성공의 배후에는 여러 가지 문제가 있는 것도 사실이다. 가정 문제, 신앙 문제, 청소년 문제, 결혼 문제, 대학 입학 및 진학 문제, 정신적인 문제가 그것이다. 필라델피아에는 대단히 좋은 가정상담소가 여러 곳 있다. 그러나 문화와 언어의 장벽 때문에 우리들에게는 별로 도움이 되지 못했다.

우리는 세선 가정상담원을 통해서만 도울 수 있는 여러 사람들을 도울 수 있었다. 털어놓을 수 없는 가정 문제를 세선 가정상담원에서 예수 그리스도의 이름으로 치유할 수 있었다.

많은 기도와 물심양면으로 협조해 준 조에스더 박사와 박태문 목사, 진용진 목사, 특별히 세선 상담원 사무실을 무료로 제공해 준 김명자 권사에게 깊은 감사를 드리는 바다.

꿈 따라, 사랑 따라, 사명 따라

태평양의 연어와 대서양의 참치를 잡으며

우리가 필라델피아에서 살 때였다. 2000년 6월 어느 날 한국에서 나의 사랑하는 친구 김철우 장로에게서 전화가 왔다. 그는 최창근 장로와 함께 세선회를 창설한 사람으로 세계 여러 나라를 방문하며 열심히 선교여행을 하고 있었다. 이제는 칠순이 가까운 나이로 몸이 지치고 휴양이 절실히 필요한 때였다. 나더러 시애틀에서 함께 일 주일을 쉬면서 태평양에서 고기잡이를 하자는 것이었다.

어려서부터 낚시하는 것을 좋아했던 나에게는 물리치기 힘든 유혹이었다. 그러나 금방 머리에 드는 생각은 경제적인 타산이

태평양에서 잡은 연어를 들고(2000년)

었다. "비행기표만 해도 얼만데!" 그러나 김철우 장로는 계속해서 졸랐다. 그 곳 시애틀은 옛 친구 김석호 씨가 바닷가에 있는 올가(Olga) 섬의 별장 지대에서 살고 있는데 그의 집에서 함께 지내자는 것이었다. 따라서 호텔 비용은 걱정할 필요가 없었다. 아직도 주저하는 나에게 그는 말했다. "황 목사가 온다면 LA의 홍달천 장로와 서울의 박형종 박사도 온다고 한다!" 나의 결정이 이와 같이 중요하다는 것을 알게 된 나는 이 말이 떨어지자마자 "OK, 그럼 가겠다!"고 대답했다. 50년 만에 대광고등학교 동기동창으로 친 형제같이 지내는 네 사람이 한자리에서 모여 먹고 마시고 뒹굴며 고기잡이를 한다는 것은 생각만 해도 가슴이 설레는 일이었다.

후에 알게 된 것이지만 지혜로운 김철우 장로는 이 유도작전을 나에게만 쓴 것이 아니었다. "달천이 네가 온다면 필라델피아의 문규와 서울의 형종이도 온다고 한다"라고 말했을 때 누가 감히 거절할 수가 있었겠는가! 이렇게 김철우 장로가 주동이 되어 우리 네 사람은 태평양가에 있는 올가 섬에 모여서 일 주일 동안 일생에 잊을 수 없는 즐거운 고기잡이를 할 수가 있었다.

옛 친구 김석호 씨의 배를 탄 우리 5명은 푸른 하늘과 푸른 태평양 사이를 아무 속도의 제한 없이 달려 깊은 바다에 나가서 배를 멈추고 낚시 줄을 던졌다. 100미터 이상 더 깊은 바다 속에 던졌다. 보통 단순한 낚싯대를 던지는 것과는 다른 기계로 자동적으로 줄을 던지기 때문에 우리는 하나에서 열까지 김석호 씨의 설명에 의지하며 조심스럽게 고기를 끌어 올렸다. 그런데 놀랍게도 첫날 우리는 네 마리의 연어를 잡았다. 각각 15파운드와 16파운드의 크고 싱싱한 고기였다. 물고기를 잡아 올릴 때마다 고기잡이에 노련한 친구 김석호는 조심스럽게 아마추어 어부들인 우리 네 사람 중에서 한 사람씩 고기를 교대로 잡아 끌어 올리도록 하였다. 마치 철없는 어린아이들처럼 매번 우리는 각각 자기가 먼저 하겠다고 아우성을 칠 때도 있었다. 내 차례가 되어 그 아름다운 연어를 끌어 올릴 때 나는 마치 "The whole world in my hand!(전 세계는 나의 손 안에 놓여 있다!)"라는 노래와 같은 기쁨을 느낄 정도였다.

어릴 때부터 고기잡이를 좋아하던 나는 그동안 고달픈 고학생 생활과 정신없이 바쁜 목사와 선교사 생활을 하면서 고기잡이 한번 제대로 하지 못했다. 그러므로 이번 태평양에서의 체험은 일생 잊을 수 없는 일이었다. 그것도 보통 호수가 아니고 이 지상에서 제일 큰 대양에서 고기잡이를 했다는 것은 나의 이력서에 기록될 만한 일이었다. 그런데 고기잡이 이야기는 그것으로 끝나지 않았다.

하나님은 나로 하여금 태평양에서뿐만 아니라 다음에는 대서양에서 또 고기잡이를 할 수 있는 기회를 주셨다. 바로 1년 전 2006년 7월에 있었던 일이다. 존스 홉킨스(Johns Hopkins) 대학에서 근무하는 둘째아들 폴은 "7월 28일과 29일은 아버지의 생일을 축하하기 위해서 날을 정했으니 그 날은 아무 약속을 하지 마십시오!"라고 나에게 미리 당부하였다. 그러나 그때가 올 때까지는 그 생일 축하 내용은 극비에 부쳤다.

엔지니어로서 플로리다에서 사는 맏아들 데이빗과 손자 T.J.가 2006년 7월 28일 아침에 워싱턴 D.C.와 볼티모어 사이에서 사는 우리집으로 왔다. 나의 76세 생일을 축하하기 위해서였다. 두 아들과 두 손자들(여자들은 한몫 끼우지 않고), 즉 남자들끼리 나를 데리고 대서양에 가서 고기잡이를 하도록 비밀리에 추진된 계획이었다.

우리는 28일 오후에 집을 떠나 차로 2시간 정도를 달려간 후 메릴랜드의 오션 시(Ocean City)에 가서 하루 밤을 지내고 다음날 새벽 5시에 일어나서 이미 계약한 낚싯배가 대기하고 있는 부두로 나갔다. 맏아들 데이빗과 둘째아들 폴과 두 손자 T.J.(18세)와 벤자민(9세)은 미리 나와서 우리를 기다리고 있던 그 배

사랑하는 가족들(1995년)
(왼쪽부터 제인, 폴, 필자 부부, 멜린다와 손자, 데이빗)

의 선장 브라운 씨의 안내로 일생 처음 대서양에서 고기잡이를 하게 되었다.

우리를 태운 그 배는 1시간 반 동안 마치 고속도로를 달리는 차처럼 대서양 중심을 향해 달렸다. 브라운 선장의 말에 의하면 그날은 일기가 좋고 바람도 잔잔하고 물결도 잔잔한 편이라고 했다. 그러나 우리 두 손자는 얼마 안 가서 멀미가 나서 심히 토하고 배 안의 침대에 누워 있어야 할 정도였다.

나는 두 아들과 함께 브라운 선장의 지도 하에 열심히 노력하여 그날 일생토록 잊을 수 없는 고기잡이를 하였다. 열 마리에 가까운 큰 고기들이 물려 올라왔지만 아마추어 어부들이라 다 잡은 고기들을 끌어 올리는 동안에 여러 마리를 아쉽게도 놓치고 말았다. 그러나 다행스럽게도 우리는 네 마리의 고기를 잡아 올릴 수 있었다. 그 중 두 마리는 30파운드가 넘는 블루핀(Bluefin) 참치였다. 그 둘 중 한 마리는 내 두 아들이 나더러 끌어 올리도록 했다. 그 물고기는 힘이 얼마나 센 지 약 15분 동안 고기와 씨름하면서 간신히 그 블루

대서양에서 잡은 참치(Bluefin)를 들고(2006년)

핀 참치를 끌어 올렸다. 30파운드가 넘는 펄펄 뛰는 아름다운 블루핀 참치였다. 이렇게 나는 태평양에서 연어를 잡고 대서양에서 블루핀 참치를 잡았다.

나는 이 놀라운 이야기를 쓰면서 한 가지 중요한 생각이 머릿속을 떠나지 않았다. 2천 년 전 중동에 있는 작은 갈릴리 바닷가에서 전파되기 시작한 예수님의 복음을 오늘 우리는 전 세계를 상대로 전파할 수 있게 되었다. 얼마나 놀라운 특권인가! 120년 전에는 교회가 하나도 없는 캄캄한 나라였던 한국이 지금은 미국에 이어 두 번째로 크게 선교하는 나라가 되었다. 태평양과 대서양에서 고기잡이를 하듯이 우리는 사람을 낚는 어부가 되어 전 세계를 상대로 영혼을 구할 수 있다는 것은 얼마나 뿌듯하고

가슴이 설레는 일인가? 예수님께서 십자가를 지시기 바로 전날 제자들에게 다음과 같이 말씀하실 때 아마도 이와 같은 우리의 특권을 생각하신 것이 아닐까?

"내가 진실로 진실로 너희에게 이르노니 나를 믿는 자는 나의 하는 일을 저도 할 것이요 또한 이보다 큰 것도 하리니 이는 내가 아버지께로 감이니라"(요 14:12).

설의돈 목사 (Rev. Benjamin Sheldon)의 미담

나는 1988년 필라델피아에서 우연히 한국말을 하는 미국인 벤자민 쉘던 목사(Benjamin Sheldon)를 만났다.

당시 그는 필라델피아 베다니 칼리지엇(Philadelphia Bethany Collegiate) 장로교회 담임목사였다. 오래전 한국에서 선교사로 있던 분으로 한국에서는 설의돈 목사로 알려져 있다. 퍽 유창한 한국말로 인사할 때 기뻐서 칭찬했더니, 구수한 음성으로 "비행기 태우지 마세요!"라고 대답해서 깜짝 놀랐다. 이렇게 한국말을 잘하는 미국인도 있는가? 그때부터 오늘날까지 우리 두 사람은 친형제처럼 서로 사랑하고 아끼는 친구가 되었다. 그리고 함께 미주 세선회를 시작하여 열심히 선교하고 있다.

공교롭게도 내가 유학생으로 한국을 떠나 미국으로 가던 때 설의돈 목사는 새파란 20대 청년으로 신학을 마치면서 복음을 전하기 위해서 1953년에 한국으로 갔다. 그는 1953년부터 1965년까지 당시 6·25전쟁으로 완전히 황폐화된 나라에서 선교사로 많은 고생을 하면서 열심히 복음을 전하여 한국과 한국 교회에 크게 공헌했다.

그는 안동의 성경학원과 고등학교에서 어려운 학생들을 가르치면서 빈곤 속의 한국 학생들을 많이 도왔다. 그 학생들 중에서 오늘날 한국에서 크게 공헌한 지도자들이 나왔다. 그중에 국내외적으로 잘 알려진 서울 명성교회 담임인 김삼환 목사를 비롯해서 신일교회의 이광선 목사와 청운교회 정영환 목사 등이 있다. 그들이 옛 은사를 사랑하고 존경하는 것을 보고 나는 설의돈 목사가 얼마나 훌륭한 선교사였는지 엿볼 수 있었다.

2005년 5월에 우리 부부는 설의돈 목사 부부와 옛날 안동에서 같이 가르치던 강은홍 목사 부부와 함께 김삼환 목사의 초청으로 한국에 다녀왔다. 우리 미주 세선회의 선교에 깊은 관심을 가진 김삼환 목사는 우리 세 부부를 마치 천사 모시듯이 정성과 친절로 대접해 주었다. 우리 일행을 금강산 여행까지 시켜 주었다. 신일교회의 이광선 목사는 중남미 선교의 후원을 약속하면서 이렇게 말했다. "설의돈 목사님이 생존하시는 한 꼭 미주 세선회를 돕겠습니다."

나의 생일 기도

2002년 7월 15일 나는 72세 되는 생일에 이렇게 간절히 기도했다. "아버지 하나님, 저를 하나님의 마음에 합한 사람이 되게 해 주시옵소서!" 이렇게 되풀이하며 열심히 기도했다. 일찍 집을 떠나 고학으로 공부를 다 마친 것이 나에게는 생의 큰 성취였다. 미국 교회와 한국 교회에서, 그리고 북미와 남미에서 열심히 복음을 전한 것 또한 중요한 것이었다. 은퇴 후에도 대학과 신학원에서 가르치며, 또 중남미를 다니면서 열심히 복음을 전할 수 있었던 것은 매우 중요한 일이었다.

그러나 이 모든 것은 시간의 흐름에 따라 다 지나가고 말 것이다. 내게 제일 중요한 것은 어떻게 하면 주님을 닮는 사람이 될 것인가이다. 사실 교회에서 은퇴하고 보니 그렇게 하고 싶은 선교도 재정적 제한으로 마음대로 되지 않았다. 나는 손을 모아 기도했다. "하나님, 이 몸과 마음과 영혼을 다 드립니다. 나의 여생을 선교를 위하여 드리오니 받아주소서! 저를 예수님의 십자가 공로로 깨끗하게 하사 하나님의 영광을 위해 사용해 주시옵소서!"

다윗 왕은 큰 죄를 지었지만 철저하게 회개하고 하나님의 용서를 받았다. 그리고 오늘날 우리가 아는 것처럼 훌륭한 하나님의 사람이 되었다. 나도 철저하게 회개하고 모든 죄를 용서받고 진실하고 청결한 사람이 되고 싶었다. 하나님의 마음에 합한 사람이 되고자 하는 간절한 마음이 있었다. 나는 예수님을 바라보았다. 십자가를 지신 예수님을 바라보며 기도하고 있었다. 나를 위해 십자가를 지신 예수님을 바라볼 때 마음이 괴로웠다. 주님을 위해서 한 것이 너무나 없었다는 것을 깨달아 울고 말았다. 나는 울고 또 울었다.

그때였다. 나는 한 가지 새롭게 깨달은 것이 있었다. 일평생 설교와 기도할 때마다 내가 제일 많이 쓰던 단어가 있었다. 하나님을 "전능하신 하나님! 전능하신 아버지!"로 불러왔던 것이다. 그러나 그 전능하신 하나님을 실제 생활에 있어서 너무나 적게 믿은 것에 대해서 크게 죄책감을 느꼈다. 내 말과 실생활에 차이가 너무나 큰 것을 깨달았다. 마음이 무겁고 괴로웠다. 왜 나는 이렇게 이중생활을 했는가? 회개의 눈물을 흘렸다. 왜 내가 이러는 것일까? 로마서 7장에서 "오호라 나는 곤고한 사람이

인도네시아의 마나도(Manado) 신학교에서 강의(2005년)

로다 이 사망의 몸에서 누가 나를 건져내랴!"고 외친 사도 바울의 심정을 이해할 수 있었다. 나는 나도 모르게 소리 내어 흐느껴 울었다.

그때 나는 큰 결심을 했다. 과거는 지나갔으니 어떻게 할 수 없지만 앞으로는 전능하신 하나님을 실제로 전능하신 하나님으로 믿기로 작정했다. 새해부터가 아니고, 내일부터가 아니고, 바로 이 시간부터 하나님을 전능하신 하나님으로 믿기로 결단했다. 그때 나는 이렇게 기도했다. "하나님, 선교를 위해서 저를 10년만 젊게 해 주십시오!" 이렇게 기도한 것이 나의 여생에 큰 변화를 가져왔다. 하나님은 이 기도에 응답해 주셨다. 성령님께서 마음속에 깊은 평안과 기쁨을 주셨다.

이날 내가 한 기도는 믿음으로 한 기도였다. 온 우주를 창조하신 하나님을 전능하신 하나님으로 믿고 기도한 것이다. '설교는 사람의 마음을 감화시키고 기도는 하나님의 마음을 감화시킨다!' 는 말과 같이 하나님은 나의 진실된 기도를 들으시고 응답하셨다. 나는 10년 더 살게 해 달라고 기도한 것이 아니고 10년 더 젊어지게 해 달라고 기도했다. 건강한 몸과 즐거운 마음으로 복음을 전할 수 있게 해 달라고 간구한 것이다.

이날 나는 기도의 응답뿐만 아니라 믿음의 은혜를 겸하여 받았다. 나의 믿음은 그냥 믿음이 아니고 하나님께서 주신 확고한 믿음이었다. 흔들리지 않는 믿음이었다. 하지만 마귀는 나를 그냥 내버려두지 않았다. 나에게 "네가 그 응답을 받은 것을 어떻게 알 수 있느냐?"라고 말하며 시험했다. 나는 성경구절을 인용하면서 마귀를 대적했다. "믿는 자에게는 능치 못할 일이 없느니라"(막 9:23), "하나님으로서는 다 하실 수 있느니라"(막 10:27). 마귀는 쉽게 포기하지 않고 되풀이하여 나를 시험했지만 나는 한 치도 물러서지 않고 말씀으로 대적했다. 마귀는 물러가고 말았다.

나는 그날부터 이 글을 쓰는 오늘날까지 그렇게 많은 여행을 하여도 피곤한 줄을 모른다. 그 직후 한국을 방문했을 때 어떤 주일에는 다섯 번이나 설교했지만 조금도 피곤하지 않았다. 최근에 필리핀에 가서 일 주일 집회를 마치고 돌아왔다. 그날 오후에 미국에 돌아와서 한잠 푹 자고 다음날 아침에 일어나 새벽기도회에 참석했다. 내가 다니는 메릴랜드의 빌립보교회 송영선 목사는 반가워하며 물었다. "황 목사님, 언제 돌아왔습니까?" "어제 왔습니다!" 그는 나의 어깨에 손을 얹으면서 신기한 듯 머리를 좌우로 흔들며 "참으로 대단합니다!"라고 말하고는 함께 하나님께 감사드렸다.

꿈 따라, 사랑 따라, 사명 따라

세 가지 병의 기적적인 치유

그뿐만이 아니었다. 그 후 하나님은 나의 세 가지 병을 기적적으로 고쳐 주셨다.

첫 번째로 오른쪽 귀를 기적적으로 고쳐 주셨다. 2002년 8월 23일 예루살렘에서 열린 목회자 기도회에서 이루어진 일이다. 나는 3, 4년 전부터 오른쪽 귀에 보청기를 쓰기 시작했다. 귀가 안 들리는 것은 나이 들면서 이루어지는 자연적인 현상인 줄로만 알았다. 따라서 한 번도 귀를 고쳐 달라고 기도해 본 적이 없었다. 그런데 결코 잊을 수 없는 그 금요일 아침에 예루살렘의 쉐라톤 플라자(Sheraton Plaza) 호텔에서 뜻밖에도 하나님은 나의 오른쪽 귀를 고쳐 주셨다. 너무나 놀라운 일이었다. 나는 그 회의에 참석한 약 70명의 동료 목사들에게 알렸다. 간증을 들은 목사들은 양손을 들고 다함께 하나님께 감사와 찬양을 드렸다. 그 후 세계 여러 나라에 다니면서 설교할 때마다 간증해 왔다. 그날부터 지금 이 책을 쓸 때까지 한 번도 보청기를 사용해 본 일이 없다.

두 번째 기적은 2004년에 수술하기로 되었던 오른쪽 어깨가 완전히 기적적으로 나은 것이다. 나는 수영과 산책을 좋아한다. 매일 아침 일어나자마자 팔굽혀 펴기를 50번씩 30여 년간 해 왔다. 그런데 어느 날 아침에 팔굽혀 펴기를 하다가 그만 오른쪽 어깨를 다치고 말았다. 너무 아파서 오른쪽의 어깨와 팔을 전혀 쓸 수가 없었다. 나는 정형외과 전문의사 로버트 비에너(Dr. Robert Viener) 박사를 찾아갔다. 엑스선(X-ray)과 엠아르아이(MRI)를 찍은 결과 수술을 해야만 했다. 수술하기로 결정한 날이 2004년 5월 27일(목요일) 아침 10시였다.

마침 그날 저녁에 볼티모어 스타디움에서 베니 힌(Benny Hinn) 목사 부흥 집회가 있었다. 사람이 너무 많아서 미리 가지 않으면 입장할 수 없었다. 그래서 일찍 가서 시작하기 2시간 전에 입장하였다. 그동안 준비 찬송을 불렀다. 7시 정각에 베니 힌 목사가 단에 등장하는 순간 하나님은 오른쪽 어깨를 완전무결하게 고쳐 주셨다. 나는 너무나 감사하고 신나서 7시부터 10시 반까지 나의 오른손을 높이 들고 쉬지 않고 하나님을 찬양하였다.

세 번째 기적은 2004년 8월 2일 아침에 노스캐롤라이나의 랄리 시에서 이루어졌다. 그 전날은 두랄리(DuRaleigh) 한인교회 창립 30주년 기념 주일이었다. 설교를 맡은 나는 설교 중에 하나님께서 오른쪽 귀를 고쳐 주신 데 대해서 몇 마디 간증을 하였다. 간증을 들은 젊은 장로가 나더러 자기의 잘 듣지 못하는 귀를 위해서 기도해 달라고 호텔에 찾아왔다. 호텔에서 비행장으로 막 떠나려고 할 때 환송 나온 몇 명의 성도들과 함께 손을 잡고 그 젊은 장로를 위해서 호텔 주차장에 서서 기도하였다. 예수 그리스도의 이름으로 다른 사람의 병을 치유하기 위해서 열심히 기도하고 있을 때 하나님은 나의 왼쪽 귀마저 고쳐 주셨다. 나는 감개무량한 마음으로 하나님께 감사할 뿐이었다. 나의 왼쪽 귀는 심하게 나쁘지 않아 보청기를 쓰지 않았다. 그런데 좋으신 하나님은 나의 왼쪽 귀까지 고쳐 주셨다. 나의 생일 기도를 응답하시고 선교를 위해서 10년 젊게 해 주실 뿐만 아니라 세 가지 병을 기적적으로 고쳐 주셨다. 하나님을 말로만 전능하다고 하지 않고 실제로 전능하시다고 믿고 기도할 때 하나님은 기도한 대로 복음을 위해 10년 젊게 해 주신 데다 세 가지 병까지 고쳐 주셨다. 얼마나 놀라운 하나님이신가! 할렐루야!

꿈 따라, 사랑 따라, 사명 따라

장래는 꿈이 있는 자의 것이다

이흥록 목사 저서

나는 하나님의 은혜를 너무나 많이 받은 사람이다. 내가 누구인데 온 우주를 창조하신 하나님께서 이토록 사랑하시는 것인가? 가슴속에 벅차오르는 감사를 표현할 길이 없어 기도할 때 한국말뿐 아니라 내가 아는 여러 나라 말로 감사드리곤 한다. 사람이 평생 열심히 일하고 은퇴한 후 평안한 마음으로 여생을 즐기는 것은 하나님의 귀한 선물이다. 그러나 나는 77세의 은퇴한 목사로서 아직도 건강하고 복음에 대한 간절한 열정을 가진 사람이다. 아직도 하나님께서 맡겨 주신 일이 있다고 본다.

이 세상에는 예수 그리스도를 통한 하나님의 놀라운 사랑을

"주님이 부르실 때까지 복음을 전하는 것이 나의 유일한 꿈"
(2007년 4월의 필자)

알지 못하는 사람들이 얼마나 많이 있는가? 나는 이 사람들에게 빚진 자이다. 정직한 사람은 자기 빚을 다 갚는다. 건강이 허락하는 한 나는 빚을 다 갚고 주님 앞에 서기 원한다. 주님이 부르실 때까지 복음을 전하는 것이 나의 특권이요 유일한 꿈이다.

하나님이 귀하게 쓰신 사람들 중에 나는 요셉의 이야기를 대단히 좋아한다. 그는 형들의 질투에 팔려 이집트에 노예로 팔려가서 많은 고생을 한 후 크게 성공하였다. 낡은 옷을 입고 무거운 짐을 진 채 정처없이 사막을 걸어갈 때 누가 이 아이는 장차 애굽의 총리가 된다고 했다면 믿을 사람이 없었을 것이다. 그러나 13년 후 그는 총리가 되었다.

도대체 돈도, 대학교 졸업장도, 아무 추천장도 없이 빈손으로 바로 왕 앞에 선 요셉이 어떻게 총리가 되었을까? 그 해답이 바로 성경에 기록되어 있다. "여호와께서 요셉과 함께하시므로", "여호와께서 요셉과 함께하시고", "여호와께서 요셉과 함께하심이라"(창 39:2, 21, 23)고 되풀이하고 있다. 노예로 팔려 간 소년 요셉이 하나님께서 함께하심으로 성공했다면, 누구나 아무리 험한 환경에 놓여 있어도 하나님께서 같이하시면 성공할 수 있다.

하나님께서 건강을 주시는 한 나는 꿈이 있다. 아브라함이 75세 때, 모세가 80세 때 불림 받아서 귀하게 쓰인 것처럼 하나님은 비록 부족하지만 나에게도 귀한 사명을 주셨다. 그것은 바로 복음을 전하는 것이다. 주님께서 부르시는 날까지 나는 이 땅 위에서 어떠한 방법으로라도 복음을 전할 것이다.

여호와 하나님께서 함께하시는 사람의 특징 중 하나는 꿈이 있다는 것이다. 요셉은 꿈이 있었다. 크게 성공하는 사람은 큰 꿈을 갖고 있다. 우리는 큰 꿈을 가져야 한다. 선교의 아버지로 알려진 윌리엄 캐리(William Cary)는 "하나님에게 큰 것을 기대하라!"고 말했다. J. P. 필립스(J. P. Phillips)는 "너의 하나님은 너무 작다!"라고 말했다. 우리는 하나님과 동행하는 사람으로서 큰 꿈을 가져야 한다. 장래는 꿈을 갖고 있는 사람의 것이기 때문이다.

판 권
소 유

꿈 따라, 사랑 따라, 사명 따라
- 매튜 황(Matthew Whong)의 53년 해외생활 이야기 -

2007년 9월 10일 인쇄
2007년 9월 15일 발행

지은이 | 매튜 황(황문규)
발행인 | 이형규
발행처 | 쿰란출판사

주소 | 서울 종로구 이화동 184-3
TEL | 02-745-1007, 745-1301, 747-1212, 743-1300
영업부 | 02-747-1004, FAX / 02-745-8490
본사평생전화번호 | 0502-756-1004
홈페이지 | http://www.qumran.co.kr
E-mail | qumran@hitel.net
　　　　qumran@paran.com
한글인터넷주소 | 쿰란, 쿰란출판사

등록 | 제1-670호(1988.2.27)

책임교열 | 임영주 · 김현정

값 10,000원

ISBN 978-89-5922-411-1 03230

＊ 이 출판물은 저작권법에 의해 보호를 받는 저작물이므로 무단 복제할 수 없습니다.
　 잘못된 책은 교환해 드립니다.